정토의 나침반
왕생성불 하는 불력수행법

정토도언 · 염불론 · 불법도론
정종심요 · 정수첩요 · 임종혹문

무량수여래회 편역

비움과소통

극락세계도

서방삼성도(西方三聖圖). 아미타부처님과 관세음보살(우), 대세지보살.

중생을 사바세계에서 극락세계로 인도하고 접인하시는 석가모니불(右)과 아미타불을 형상화한 이하백도도(二河白道圖)

목 차

제1부. 정토도언淨土導言
서론　12
1. 만법유식: 경계는 식(識)에 따라 변화한다　13
2. 8식에 대한 간략한 해설　20
3. 죽음과 삶의 정황　30
4. 해탈의 관건　38
5. 정토법문, 특별한 지름길　45

제2부. 임종혹문臨終惑問
머리말　68
1. 몸과 마음의 관계는 어떠한가,
   그리고 8식간의 상호관계는 어떠한가?　70
2. 불법에서는 「사망」을 어떻게 정의하는가,
   언제가 진정한 「사망」시간인가?　72
3. 「임종」단계에서 8식의 작용은 어떠한가?　74
4. 「임종」시에 영접하러 오신 부처님을 뵙고,
   「명종」할 때 극락왕생을 한다는 것은 무슨 이치인가?　77
5. 「임종」조념의 요령은 무엇인가,
   신체를 옮기거나 장기를 채취해도 되는가?　79
6. 정토행자들의 관점에서 「장기기증」에 대한 입장은 무엇이며,
   언제 기증하는 것이 가장 적합하다고 생각하는가?　82
7. 근래에 「임종」시에 장기기증을 주장하지 않는 정토종에 대하여 많은 사람들이 비난하고 있는데 어떻게 보시는가?　85

제3부. 불법도론佛法導論(정토편)
　인광대사의 서문　90
　1. 정토종의 역사[宗史]　93
　2. 정토법문을 찬양함[讚揚]　97
　3. 수행법문의 결택[抉擇]　101
　4. 이와 사[理事]　107
　5. 의보와 정보[依正]　116
　6. 믿음을 일으킴[起信]　123
　7. 정토왕생의 발원(發願)　128
　8. 정토법문의 실천수행[行持]　138
　9. 염불을 권장함[勸進]　148
　10. 보리심을 일으킴[發心]　159
　※ 이원정(李圓淨) 거사　165

제4부. 염불론念佛論
　1. 종파불교의 발생　170
　2. 염불의 의의　173
　3. 나[我]는 누구인가?　176
　4. 가명(假名)과 가상(假相)　178
　5. 염불법문은 가장 쉽고 가장 빠른 지름길　181
　6. 자성에는 미타, 유심에는 정토　186
　7. 한마디 아미타불은 최상승법,
　　 무량한 법문(法門)을 포괄함　189

8. 아미타불을 염하면 육근이 청정해짐　192
9. 성불의 원리　194
10. 염불과 계율의 중요성　196
11. 지계는 부처님의 유훈(遺訓)　198
12. 부처님의 칠중(七衆) 제자　201
13. 삼보에 귀의한다는 것은　202
14. 오계의 생활화　205
15. 사념처와 팔정도란　207
16. 염불의 방법　211
17. 실천하지 않으면 진정한 지혜 아님　212
18. 오고감이 자유자재함　216
19. 여거사 장씨 이야기　220
20. 인생에서 가장 요긴한 일은 생사 해결　223
※ 불교 중흥에 몸 바친 담허대사　225

제5부. 정종심요淨宗心要
1. 세존께서는 오직 아미타부처님 본원의 바다를 설하셨다　232
2. 아미타경 종요宗要　234
3. 대승무량수경 종요　240
4. 허운 노화상 설법의 정업심요淨業心要　260

제6부. 정수첩요
오념법문의 간단한 수행법　268

제1부.
정토도언 淨土導言

강술: 오총룡(吳聰龍)
번역: 석정전(釋淨傳)

서 론

대덕 여러분!

영광스럽게도 이번 기회에 학인이 여러분들과 함께 불법을 연구하게 되었습니다.

오늘 여러분들과 함께 연구할 불법의 주제는 「불법도언」인데, 이 주제를 갖고 몇 단락으로 나누어 강의를 진행하도록 하겠습니다.

그럼 우선 불학 가운데서 가장 중요하면서도 기본적인 관념인 「만법유식(萬法唯識)」에 대해 말씀을 드리도록 하겠습니다.

1. 만법유식: 경계는 식(識)에 따라 변화한다

　불학(佛學) 가운데서 「만법유식(萬法唯識)」은 매우 중요하면서도 기본적인 관념인데, 만약 이 이치에 어긋난다면 대승불법(大乘佛法)이라고 할 수가 없습니다.
　그렇다면 「만법유식(萬法唯識)」이란 무엇일까요?

　우리는 먼저 「법(法)」자에 대해 해석해둘 필요가 있습니다.
　「법」자는 경전에서 자주 사용되는 전문용어로서 모든 사물, 즉 심리적 현상이든, 물질적 현상이든, 형상이 있는 것이든, 형상이 없는 것이든 막론하고 전부 다 「법」이라고 부를 수 있습니다.
　쉽게 말씀드리자면, 「법」이란 만사만물(萬事萬物)의 대명사인 셈이지요. 이른바 「만법유식」이란 우주 가운데 모든 법은 전부 「유식(唯識)」이며, 전부 우리들의 마음[心識]이 전변하여 나타난 현상이라는 뜻이지요.

　이 「만법유식」은 일반 서양철학에서 얘기하는 우주만물이 유심(唯心)이니, 유물(唯物)이니, 유신(唯神)이니, 유리(唯理)니 하는 갖가지 이론들과는 전혀 다릅니다.
　비록 「식(識)」을 「심(心)」, 또는 「심식(心識)」이라고 부르기도 하지만, 서양철학에서 이야기하는 유「심」과는 거리가 멀지요. 서양철학에서 탐구하는 마음의 차원은 불법처럼 깊고 넓지가 못하며, 일반적인 세간의 학문에서 이해하고 있는 마음, 정신적인 차원도 또한 아직은 매우 천박한 상태입니다.

중국 유식종의 개산조사는 당나라의 현장(玄奘)스님이신데, 그분께서 인도로 경전을 구하러 가셨을 때, 전문적으로 연구를 한 학문이 바로 유식학(唯識學)입니다.

이「만법유식」의 깊은 이치에 대해서는 짧은 몇 분 동안에 다 말씀을 드릴 수가 없으므로, 여기서는 하나의 예증(例證)을 근거로 한 설명을 통하여 여러분들의 적절한 이해를 돕도록 하겠습니다.

여러분! 아래의 도표를 보십시오.
(십법계에서 보는 바가 다르다[十界見異])

```
         ┌ 인견강수(人見江水)
十        │ 어견연무공기(魚見煙霧空氣) 의위굴택(依爲窟宅) ┐ 육안(肉眼)
界        │ 귀옥등견위맹화이예(鬼獄等見爲猛火異穢)      ┘
見   ─    │ 천견위유리보지(天見爲琉璃寶地) …………………… 천안(天眼)
異        │ 소승료기본공(小乘了其本空) : 진제(眞諦) …………… 혜안(慧眼)
         │ 보살지기차별(菩薩知其差別) : 속제(俗諦) …………… 법안(法眼)
         └ 불안지즉법계(佛眼知卽法界) : 중제(中諦) …………… 불안(佛眼)
```

이 도표에서는 바깥의 경계들이 전부 우리 마음의 전변에 따라 변화를 하고 있다는 것을 설명하고 있습니다. 만약 우리 마음의 차원이 바뀌게 되면 바깥의 경계도 따라서 바뀌게 된다는 것입니다.

경전에서는 전 우주의 유정중생들을 열 가지 차원으로 나누어 설명하고 있는데, 이른바 「십법계(十法界)」이지요.
그런데 이 「십법계」 중생들의 마음[心識]의 차원이 서로 다르기 때문에 보이는 현상계 또한 다를 수밖에 없습니다.

현재 우리 눈앞에 보이는 강물을 예로 들면, 인간이 볼 때는 강물인데, 이 강물은 빨래를 할 수 있고, 마시면 갈증을 해소할 수 있으며, 논밭에 물을 댈 수도 있고, 물에 잠길 수도 있는 등의 여러 가지 기능들이 있습니다. 이것은 인간의 마음 차원에서 본 강물의 모습과 작용이지요.

그러나 물고기들이 강물을 볼 때, 자욱한 안개나 연기와 같으며, 마치 허공 속의 공기와도 같아 그 속에서 자유롭게 숨을 쉴 수가 있을 뿐만 아니라, 물속을 집으로 여기지요.

그리고 귀신과 지옥의 중생들 같은 경우에는, 이 「강물」이라는 존재가 그들의 눈에서는 사나운 불처럼[猛火], 아니면 오물로 보일 수 있겠지요.

만약 차원이 조금 높은 천인들의 경우에는, 그들이 보게 되는 강물이란 온통 칠보로 이루어진 장엄하고 수승한 유리땅이라는 것이지요. 따라서 천인들이 이 강물 위를 걷는다 하더라도 가라앉거나, 익사를 당할까 걱정할 필요가 없습니다.
여기까지 말씀드린 것은 전부 유정중생들 중에서도 범부들, 아직 삼계의 육도윤회에서 벗어나지 못한 고통 받는 중생들인데, 마음[識]의 차원이 다르므로 수용(受用)하는 환경, 또한 이

제1부. 정토도언

처럼 큰 격차가 날 수 밖에 없습니다.
 그럼 계속해서 삼계육도를 벗어난 중생들, 불법 가운데서 이른바 대·중·소 삼승의 성인들, 그분들의 안중의 「강물」은 어떠한 모습인지를 살펴보겠습니다.

 도표에서는 「소승은 본래 공인 줄 안다」고 하였는데, 여기서 「소승」은 성문과 연각을 포함하고 있으며, 그들은 만법이 모두 인연의 화합으로 생겨났으며[因緣所生], 매 법마다 수많은 인연과 조건들이 한 곳에 함께 모인 집합체라는 것을 알고 있습니다.
 따라서 그 분들의 혜안으로는, 매 법마다 공하여 실체가 없음[空無實體]을 볼 수 있다는 것이지요.

 이와 같은 이치를 경전에서는 자주 「손바닥 틈새[掌縫喩]」의 비유를 들어 설명하고 있는데, 예를 들면 두 손바닥은 두 가지 인연입니다. 두 손바닥을 모아서 합장을 하고 있을 때 하나의 법, 하나의 현상인 손바닥 틈새[掌縫]가 생겨나게 되지요. 하지만 사실상 이것은 단지 하나의 실체가 없는 허상, 헛것에 불과합니다. 왜냐하면 이 두 손바닥을 떼었을 때 실제로 하나의 손바닥 틈새가 있는 것은 아니니까요. 따라서 꼭 두 손바닥을 떼었을 때를 기다렸다가, 그때 비로소 이 손바닥 틈새가 두 손바닥이 함께 모여서 생겨난 허상이며, 실체가 없다는 것을 알게 되는 것은 아니라는 것입니다.

 근기가 영리한 사람들은 두 손이 모였을 때, 이미 이 상은 공한 것이며 실체가 없다는 것을 알 수 있습니다. 이러한 이치를 불학에서는 「진제(眞諦)」라고 부르는데, 진제가 곧 공의 이치[空理]입니다. 성문과 연각은 바로 이 공의 이치를 체험하고 증득(體證)하였으므로 삼계육도의 생사윤회에서 벗어날 수 있습니다.

또 보살의 경우에도, 도표에서는 「보살은 그 차별을 안다」고 하였습니다. 보살은 하나의 「강물」이 십법계에 따라 차별이 있을 뿐만 아니라, 이런 차별적인 허상[假相]들에 대하여 낱낱의 인연과보와 경과 상태, 전후 관계에 대해 분명하게 알고 있다는 것입니다.

이 「강물」을 예를 들어 말하자면, 현대의 일반과학에서는 물의 형성원인을 H_2와 O 등의 물질적 요소에 있다고 말하지요. 하지만 이것은 단지 물을 형성할 수 있도록 도와주는 증상연(增上緣)에 불과합니다. 가장 중요한 원인은 사실상 더욱 깊고 미세한 심식(心識)에 있습니다.

보살은 이와 같은 만법이 생겨나게 되는 인연과 생겨난 뒤의 차별된 현상들에 대해 낱낱이 비추어 알 수가 있는데, 이것을 「속제(俗諦)」를 비추어 안다고 하지요. 그리고 이러한 지혜를 「법안(法眼)」이라고 부릅니다. 따라서 보살이 보는 「물」은 우리들이 보는 「물」과 당연히 다를 수밖에 없습니다.

끝으로 「부처님의 눈으로는 곧 법계인 줄을 안다」입니다. 완전한 불과를 얻으신 부처님께서 보신 「강물」은 우리들이 보는 물과 달리 「법계(法界)」입니다. 다시 말씀드리면 부처님께서 보신 것은 물의 진실한 성품[實性]이며, 궁극적 근원이라는 것이지요.

「물」이란 중생들의 식의 변화로 인해 나타났는데, 이 식은 우리의 본성(本性)이 무명을 따른 연고로 형성되었습니다. 따라서 물의 궁극적 근원은 우리의 본성이며, 곧 불성입니다.

부처님께서는 물을 보실 때, 물의 겉모습, 헛것[假相]을 보신 것이 아니라, 이 강물의 궁극적인 본래면목인 공간적으로는 시방세계에 두루하고[橫遍十方], 시간적으로는 삼세를 다하는[竪窮三際] 법성(또는 佛性, 法界, 實相, 中諦라고도 함)을 보신 것입니다.

따라서 물이란 존재를 부처님의 불안(佛眼)으로 보았을 때, 곧 시방세계에 두루하고 가득한, 끝이 없는 하나의 경계인 동시에 또한 과거·현재·미래의 분별이 사라지고, 시작과 끝이 없는, 이러한 경계를 보신 것입니다.

요컨대, 일체법이 부처님의 눈에서는 전부 시방삼세에 두루하고[橫遍竪窮], 중중무진(重重無盡)한 동시에 평등일여(平等一如)하고 원융하며, 상대가 끊어진[圓融絶待] 상태라는 것이지요. 이와 같은 부처님의 경지를 우리 범부들과 비교를 했을 때, 어찌 하늘과 땅 차이 뿐이겠습니까!

지금까지 위에서 서술한 내용으로 볼 때 십법계가 마음의 차원이 다름에 따라 드러난 경계 또한 같지 않다는 것을 알 수 있습니다.

경전에서는 이른바 「오안(五眼)」이라고 있는데, 육도중생들 중에서도 앞의 오도(五道) 중생들이 볼 수 있는 경계는 「육안

(肉眼)」이고, 천인들은 「천안(天眼)」이며, 성문연각의 경계는 「혜안(慧眼)」이고, 보살은 「법안(法眼)」이며, 부처님은 「불안(佛眼)」을 갖추신 분입니다.

 이러한 사실을 통해서 우리는 중생들의 지혜와 능력, 마음의 차원이 다르므로 십법계에서 보는 현상계 또한 천차만별이라는 것을 알 수 있습니다. 따라서 우주만법은 전부 유정중생들의 마음[識]으로부터 변화하여 나타난 바이며, 이 마음을 떠나서는 한 법도 존재할 수 없다는 결론을 내릴 수가 있습니다.

2. 8식에 대한 간략한 해설

이제 만법이 오직 식의 변화로 나타났다는[唯識所現] 이치를 알고 난 뒤, 우리는 한걸음 더 나아가 「식(識)」이 불법(佛法)에서의 대략적인 내용에 대해 살펴보도록 하겠습니다.

도표를 참조해 주시기 바랍니다.

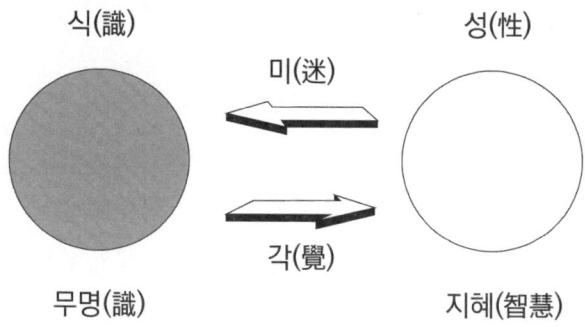

경전에서는 중생들에게 모두 불성이 있으며, 불성은 청정하고 광명하다고 하였습니다.(도표에서 오점이 없는 동그라미) 뿐만 아니라 온갖 지혜와 공덕과 능력[智慧德能]을 갖추고 있다고 했지요.

그런데 우리는 여태껏 미혹해 있었고, 개발을 위한 공부를 해 본적이 없었으므로 우리들의 본성이 갖고 있는 지혜 능력들을 발휘할 수가 없었던 것입니다.

비록 불성의 청정한 광명의 작용이 미혹의 인연을 따르는 관계로 바깥으로 드러나지 않지만, 그렇다고 이로 인해 줄어들거나 바뀌지는 않지요. 한바탕의 깨달음과 개발 과정을 거친다면 본래 구족하고 있던 지혜 광명이 곧 드러날 수 있습니다. 이 이치는 마치 금광석 속의 금과도 같아, 만약 금으로서의 가치를 가지려면 반드시 한바탕 개발과 제련의 과정을 거쳐야 하는 것과 같습니다.

우리의 본성은 「불변(不變)」과 「수연(隨緣)」의 두 가지 특성을 동시에 갖추고 있습니다. 변하지 않으면서 인연을 따르고[不變隨緣], 인연을 따르지만 변하지 않는 것이지요[隨緣不變]. 수연(隨緣)이라고 할 때, 미혹의 연을 따르지 않으면 곧 깨달음의 연을 따르게 되는데, 「식」이란 바로 우리들의 불성이 미혹의 연을 따라 형성된 것입니다.
 이처럼 미혹의 연을 따랐기 때문에 청정한 광명의 작용이 드러날 수가 없을 뿐만 아니라 흐리멍덩한 무명의 작용으로 변하게 된 것입니다.

도표 속에서 검은 점이 가득한 동그라미는 식을 대표하며, 동그라미 속의 검은 점들은 곧 무명(미혹)을 상징합니다. 「성(性)」이 「식(識)」으로 변한 이유가 바로 무명이 있기 때문인데, 어떤 분들은 이런 질문을 할 수 있겠지요.

"그럼 무명은 언제부터 생겨난 것인가?"
답은 이렇습니다.
"무명은 본래부터 있었다."

그러므로 「무시무명(無始無明)」이라고도 부릅니다. 「무시」란 바로 「시작이 없다」는 뜻으로, 우리 중생들은 여태껏 미혹해 있으면서 지금까지 개발을 하지 않았기 때문에 이 무명은 무시 이래로 있었던 것입니다.

따라서 부처와 중생의 차이는, 부처님은 한바탕 개발과 제련, 깨달음의 공부과정을 통하여 무명을 끊어서 제거하고, 본성이 드러났기 때문에 온갖 공덕과 능력을 갖춘 대 지혜의 소유자가 되신 것이고, 중생이 중생일 수밖에 없는 이유는 깨달음에 대한 개발의 공부가 없었고, 본성이 미혹의 인연을 따라 형성된 무명의 심식이 작용을 하도록 내버려 뒀기 때문입니다.
다음은 중생들의 심식의 작용에는 어떤 것들이 있는지 살펴 보겠습니다.

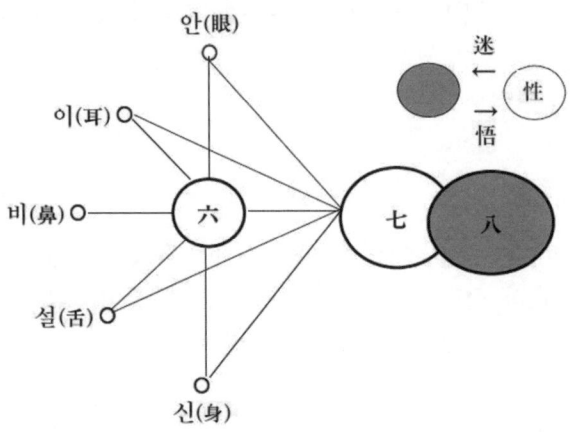

중생의 심식은 작용들이 다름에 따라 여덟 가지의 식으로 나 눌 수 있습니다. (도표에서 표시한 바와 같습니다)

전5식을 말하자면, 능히 볼 수 있는 이러한 작용과 능력이 바로 안식(眼識)이고, 능히 들을 수 있는 작용은 곧 이식(耳識)이며, 비식(鼻識)은 냄새를 맡는 작용을 하며, 설식(舌識)은 맛을 보는 작용을 하고, 신식(身識)은 감촉을 하는 역할을 합니다.
이 전5식과 6식은 서로 연관이 있는데, 전5식이 전부 제6식의 지휘를 받는다는 것으로, 제6식의 가장 중요한 기능은 바로 의견을 내는 것입니다.

우리들이 일상생활 가운데서 일거수일투족, 예를 들면 말을 하고, 길을 걷고, 일을 하고, 생각을 하는… 등은 모두 제6식이 지휘를 하고 있습니다. 따라서 만약에 제6식이 착란을 일으켜서 착란(錯亂)의식으로 되었을 때는, 이 사람을 미치광이가 되었다고 하지요.

8식 가운데서 전6식은 그런대로 이해하기가 쉽지만, 제7식 제8식을 이해하기란 상당히 어렵습니다. 이 두 식은 매우 깊고 미세하며, 심오한 정신적인 작용으로서 굳이 현대어로 말하자면 잠시 「무의식의 정신적 작용」이라고 부를 수 있습니다.

제7식과 제8식의 활동은 제6식의 지휘를 거치지 않을 뿐만 아니라, 하루 종일 작용을 하지요. 예를 들면, 우리의 오장육부의 신진대사는 누가 관리하고 유지시킬까요? 바로 제7식과 제8식입니다.

오장육부의 기능은 제6식을 거치지 않지만 7, 8식이 우리의 이 몸뚱이를 집지(執持)해 주기 때문에 신진대사의 기능이 지속적으로 진행되고 있는 것이지요. 설사 밤에 깊은 잠이 들었을 때 제6식이 현행을 일으키지 않고 몽중의식마저 없지만, 온몸의 혈액순환과 신진대사는 여전히 운행을 멈추지 않는데, 이것이 바로 제7, 8식의 작용입니다.

이 7식과 8식은 무시 겁 이래부터 현재까지 단 한순간도 멈춘 적이 없습니다. 만약 더 이상 이 몸을 집지(執持)하지 않는다면, 온몸의 신진대사는 전부 멈추게 될 것이며, 또한 한 평생의 생명이 완전히 끝이 났다는 의미가 되겠지요. 하지만 그렇다고 7, 8식이 이로 인해 사라진 것은 아니고, 다만 다른 몸으로 바꾸어 새로운 생명을 시작할 뿐입니다.

이제 우리는 이 8가지 식 가운데서도 특별히 제8식에 대하여 다시 설명을 드리고자 합니다. 왜냐면 제8식은 「근본식」인데다가, 앞의 7식이 모두 제8식을 근본으로 생겨났기 때문이지요.

제8식을 다른 이름으로 「장식(藏識)」이라고도 부르는데, 「장(藏)」이란 바로 보장(寶藏), 창고라는 뜻입니다. 다시 말씀드리면, 제8식은 하나의 큰 창고와 같아서 일체 만법의 종자를 저장하고 있다는 것이지요.

그 밖에 이「장(藏)」에는 또 세 가지 뜻이 있는데, 이를테면 「능장(能藏)」, 「소장(所藏)」, 「집장(執藏)」입니다. 「능장(能藏)」이란 제8식이 능히 만법의 종자를 저장할 수 있다는 뜻입니다. 「소장(所藏)」은 전7식(前七識)의 조작으로 생겨난 종자를 전부 제8식에서 저장하고 있다는 뜻이며, 「집장(執藏)」이란 바로 제7식이 제8식을 「나[我]」라고 집착한다는 뜻입니다.

앞의 8식의 도표 속에서 우리는 제7식과 제8식이 서로 얽혀 있음을 볼 수 있습니다. 그 뜻은 제7식이 제8식을 의지해 생겨난 후 도리어 제8식을 「나」라고 집착을 한다는 겁니다. 이렇게 되어 7식과 8식은 영원히 함께 서로 얽혀 있으며 영원히 중단되지 않습니다. 또한 우리가 어떠한 상황에 처해 있더라도 자아의식은 항상 존재하지요.

계속해서 우리는 제8식 속에 저장되어 있는 「종자」에 대해 얘기해 보도록 하겠습니다. 사실 이 「종자」라는 것은 경전에서 하나의 비유인데 장차 결과를 생기게 하는 일종의 잠재력[潛力] 입니다.
일체 만법이 생기게 되는 인연과 조건은 수없이 많지만, 그 중에서 가장 중요한 원인은 바로 제8식 속에 저장되어 있는 만법의 종자입니다. 종자를 대략 두 가지로 분류할 수 있는데, 바로 「본유종자(本有種子)」와 「신훈종자(新熏種子)」입니다.
쉽게 말씀드린다면, 「본유종자」는 제8식 속에 본래부터 있던 것이고, 「신훈종자」는 우리 전7식의 조작으로 제8식 속에 새로 훈습된 종자를 뜻합니다.

　일반 세속의 학문이나, 혹은 심리학에서 말하는 「인상(印象)」은 불학에서 얘기하는 「종자」와 매우 흡사합니다. 그러나 심리학에서는 인상이 머릿속에 남는다고 하는데, 이런 주장은 논리에 맞지 않으며 성립될 수가 없습니다.

　지금 우리들의 말 한마디, 행동하나, 마음을 일으키고 생각을 움직이는 것들은 선이든 악이든 막론하고 전부 제8식 속에 새로 훈습[新熏]된 종자가 되고 말지요. 이런 신훈과 본유의 종자는 불법에서 제시하는 개발과 깨달음의 공부를(계·정·혜) 통하여 제거를 해야지, 그렇지 않고서는 절대 아무런 이유 없이 사라지지가 않습니다.

　「종자」의 이야기가 나왔는데 수행에 있어서 상당히 중요한 내용인 「인연과보」에 대하여 살펴볼 필요가 있습니다.
　우리가 전7식의 조작으로 지은 선악업은 모두 제8식 속에 종자로 있게 되는데 우리는 이런 종자를 「업종자(業種子)」라고 부릅니다. 이 업종자는 절대 아무런 이유 없이 사라지지 않을 뿐만 아니라 앞으로 조연(助緣)을 만났을 때 반드시 결과가 생겨나지요. (도표 참조)

　이 업종자에는 선한 것과 악한 것들이 있습니다. (선한 業因과 악한 業因)
　만약 우리가 선한 인연[善緣]을 만들어 준다면 선한 종자[善種子]를 도와주는 역량(力量)이 생겨나게 됩니다. 반대로 만약 악한 인연[惡緣]을 제공해 준다면 선한 인연[善緣]에 대해 방해를 하는 세력이 형성되겠지요.
 마찬가지로 악연은 악인에 대해 과보를 받을 수 있도록 도와주는 증상연(增上緣)이 되겠지만, 반대로 선연은 악인의 현행(現行)을 방해하도록 하는 작용을 하게 됩니다.

 속담에 이런 말이 있지 않나요. "선에는 선한 과보가 따르고, 악에는 악한 과보가 따르는데, 과보가 없는 것이 아니라 때가 도래하지 않아서이다.[善有善報 惡有惡報 不是不報 時候未到]"

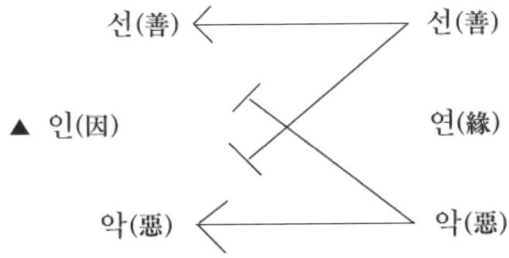

 왜, "시간이 도래하지 않아서이다"라고 했을까요? 그것은 종자를 심은 뒤 결과가 생기는지 여부는 우리가 그 종자에게 어떤 조건[緣]을 제공해 주는지를 봐야 하니까요.
 선악의 과보 형성은 조건과 아주 밀접한 관계를 갖고 있습니다. 이 이치는 절대로 뒤엎을 수가 없으며 어떠한 논리적인 오류도 범하지 않습니다.

 혹 어떤 분들에게 이런 의문이 있을 수 있습니다.
 "현실 속에서 흔히 볼 수 있는 현상인데, 온갖 나쁜 짓을 다한 사람이 평생토록 부귀영화를 누리는가 하면, 자비롭고 선행을 닦던 사람들이 일생동안 가난하고 힘든 생활을 하는 경우들을 종종 볼 수 있는데, 이렇게 볼 때 무슨 천리(天理)가 있고 무슨 인과(因果)가 있는가?"

사실 인과가 없는 것이 아니라 인과는 삼세를 두고 봐야 한다는 겁니다. 지금 우리가 받고 있는 과보는 반드시 금생에 지은 업으로 인해 형성된 것은 아니며, 금생에 지은 업이 만약 충분한 조연(助緣)을 만나지 못한다면 아마도 다음 생이 되어서야 결과로 나타날 수가 있겠지요.

그러므로 온갖 악업을 짓던 사람이 부귀영화를 누린다는 것은, 이 부귀영화의 과보가 금생에서 지은 악의 업인(業因)으로 이루어진 것이 아니라, 전생에 쌓은 선행의 인[善因]들이 금생에서 꽃이 피고 열매를 맺게 된 것이지요.
그리고 악업을 짓던 사람이 아직 악의 과보[惡報]가 나타나지 않은 것은, 그 악업의 업인(業因)이 아직까지 충분한 조건을 만나지 못했기 때문에 악의 과보가 형성되지 않은 것 뿐입니다.

하지만 다음 생, 혹은 몇 생 뒤에 반드시 자신이 심은 악의 과보를 맛보게 됩니다. 공자가 논어에서 서술한 인생철학에서는「군자」가 되어야 한다고 가르치고 있는데, 가장 중요한 것은「천명을 알아야 한다[知命]」는 것입니다.「지명(知命)」이란 바로 인과를 아는 겁니다.
이 인과는 삼세를 두고 보아야 합니다. 오직 이래야만 진정으로 어떤 일이 우리가 마땅히 해야 할 일이며, 무슨 일을 하면 무슨 결과를 불러오는지를 알 수가 있습니다. 그런데 단지 금생의 업인과 업과(業果)만 보고서는 평생토록 의혹이 풀리지 않을 것입니다.

여기까지「팔식에 대한 간략한 해설[八識簡說]」을 마치겠습니다. 다음은 계속해서 세 번째 부분인「죽음과 삶의 정황[死生情狀]」에 대해 살펴보도록 하겠습니다.

3. 죽음과 삶의 정황

　오늘 강의의 중점은 사실 나중에 말씀드리게 될 다섯 번째 부분인 「정토법문」입니다. 그러나 앞에서 말씀드린 이런 이치들은 절대 정토수행과 아무런 상관이 없는 것은 아닙니다.
　오직 먼저 불법의 기본적인 관념과 한 사람의 삶과 죽음지간의 상황들에 대한 바른 이해가 있어야만, 진정으로 생사로부터 해탈할 수 있는 방법을 알 수 있으며, 아울러 무엇 때문에 정토법문을 닦아야 하는지를 알 수 있습니다. 그러므로 이런 이치들은 모두 서로서로 연관되어 있습니다.
　이제 우리는 한 사람이 일생의 생명을 마치고 난 후, 다음 생의 몸을 받기 전까지의 구체적인 경과에 대해 살펴보도록 하겠습니다.

　한 사람의 일생의 과보가 끝장이 나려할 때, 우선 숨이 끊어집니다. 그런데 불학에서는 숨이 끊어졌다고 하여 명종(命終)이라고 하지 않습니다. 이때 제8식이 반드시 몸을 떠났다고 할 수 없으니까요.
　만약 제8식이 아직 남아 있다면 몸에는 반드시 체온이 있습니다. 어느 정도 시간이 지나서 온몸이 싸늘하게 식어야 비로소 진정한 명종[사망]이라고 할 수 있지요.
　그래서 고덕(古德)께서 "숨이 끊어진 뒤 최소한 여덟 시간 내에는 절대 시신에 손을 대거나 움직이지 말라고 일심으로 조념

(助念)을 해줘야 한다"라고 말씀하신 것이었지요.

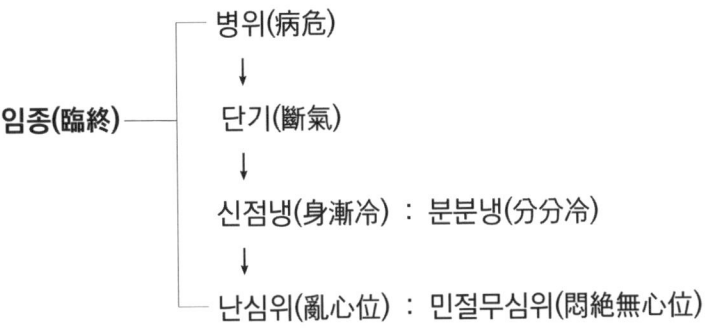

예전에 의사였던 거사님 한 분이 계시는데 그 분의 말씀에 의하면 의사생활을 할 때, 환자가 의료진의 구급치료를 받았으나 효과가 없어 사망을 선포한 후, 몇 시간 뒤에 멀리서 가족들이 도착하자 망자가 갑자기 코피를 흘리거나 혹은 눈물을 흘리는 모습을 여러 차례 직접 봤다고 했습니다.

수많은 의사 분들도 이 이치를 알고 있습니다. 환자가 숨이 끊어진 뒤 여전히 그 분을 위해 법문을 해주고 염불을 하라고 타이른 결과 환자분이 감동을 하여 눈물을 흘리는 경우가 있는가 하면, 어떤 사람은 비록 숨이 끊어졌지만 마음속에 원한, 또는 억울한 감정이 남아 있으므로 죽어서도 눈을 감지 못하는 경우도 있습니다. 이것은 제8식이 아직 이 몸을 떠나지 않았기 때문에 제6식이 아직 작용을 할 가능성이 있다는 겁니다. 그러니 눈물을 흘린다거나 눈을 감지 않으려는 거지요.

경전에서는 「목숨[壽]·따뜻함[煖]·제8식(識), 이 삼자는 항상 서로 여의지 않는다」고 하였습니다. 따라서 몸에 따뜻한 기운이 있으면 식이 있고, 식이 있으면 목숨이 아직 다 하지 않았다는 의미가 되겠지요. 여기서 숨이 끊어졌다고 하여 목숨이 다 했다는 것은 아니라는 것을 알 수 있습니다.

반드시 제8식이 이 몸을 떠나야만, 온몸이 싸늘히 식은 뒤에 비로소 「명종(命終)」이라고 할 수 있습니다. 숨이 끊어지고 난 뒤, 제8식은 점차적으로 이 몸을 집지(執持)하지 않게 되는데, 이때 이 몸은 점점 차가워지기 시작합니다. 몸이 차가워지는 상태로부터 우리는 돌아가신 분이 장차 어느 도(道)로 환생을 할지를 판단할 수 있습니다.

경론 속에 게송이 하나 있는데 이렇게 말씀하고 있습니다.

**성인은 정수리,
눈으로는 하늘로 태어나고,
사람은 가슴,
아귀는 배,
축생은 무릎에서 벗어나고,
지옥은 발바닥으로부터 나간다.**
[頂聖眼天生, 人心餓鬼腹, 畜生膝蓋離, 地獄脚板出]

만약 망자의 몸이 발에서부터 위로 차가워지기 시작한다면, 다시 말해 맨 마지막에 온몸이 식고난 뒤 오직 머리에 정수리 부분만 따뜻한 기운이 남았다면, 이것은 제8식이 정수리로부터 빠져나갔음을 의미합니다. 이 사람은 만약 성인의 과위를 증득한 것이 아니라면 곧 서방극락세계에 왕생했다는 것이지요.

만약 최후에 눈 부위에만 온기가 남았다면, 이 사람은 하늘나라[天道]에 태어나게 되었다는 것을 의미합니다. 또 만약에 최후에 식게 된 부위가 심장이라면, 이 사람은 장차 사람[人道]으로 윤회하게 될 것이며, 만약 최후에 배 부위에 온기가 있다면 그 사람이 아귀도에 떨어졌음을 의미합니다.

그리고 만약 최후에 무릎에만 온기가 남아 있다면 장차 축생도에 떨어질 것이며, 만약 제8식이 발바닥으로부터 떠나간다면, 그 뜻은 망자의 체온이 위로부터 아래로 식어간다는 것인데, 이런 경우는 최악의 경우이며, 그 사람이 장차 가장 밑바닥으로 침륜을 하게 되는 것이며, 결국에는 지옥에 떨어지게 됨을 의미합니다.

망자의 몸이 완전히 식어 제8식이 곧 이 몸을 떠나게 되는 순간, 이때 마음의 상태를 「난심위(亂心位)」라고 부릅니다. 이때가 가장 중요한 순간인데, 한 사람이 위로 올라가는지, 아니면 아래로 타락하는지, 바로 이때에 결정이 되니까요.

그럼 왜 「난심위」라고 했을까요? 그 이유는 이렇습니다.
평소에 우리의 행위를 지휘하고 주관하는 것은 제6의식(전5식을 포함)이지만, 이때는 현행을 일으키지 않으며, 오직 제7,

8식만 남게 되지요. 그런데 이때 제6식이 작용을 하지 않으므로 다겁생래에 제8식 속에 저장되어 있던 「업종자(業種子)」들이 서로 다투어 현행을 일으키려고 합니다.

비유를 하자면, 마치 나라에 임금이 없으면 난신적자(亂臣賊子)들이 전부 나타나는 것과 같습니다. 이처럼 혼잡하고 어수선한 순간에는 대체로 가장 강력한(인연이 성숙함) 업종자가 먼저 현행을 일으키게 되는데, 이 업종자의 선악의 정도가 육도 가운데 어느 도와 상응을 하는지를 봐서 곧 제8식 속에 있는 그 도의 과보무기종자(果報無記種子)의 현행을 이끌어 내어 그 도의 중음신이 형성됩니다.

이 난심위의 상황에 관하여 설공(雪公: 이병남 거사님) 스승님께서는 예전에 「요채(搖彩: 복권의 추첨기를 흔들어 밖으로 나오게 하는 것)」의 비유를 자주 말씀하셨습니다.
제6식이 작용을 일으키지 않는 상황 하에 제8식 속에서 서로 다투어 현행을 일으키려는 업종자들은 마치 아직 복권을 추첨하기 전에 추첨기 속에서 제멋대로 굴러가는 추첨공[彩球]과 같아서 마지막 순간이 오기 전에는 누구도 그 누가 복권에 당첨이 될지를 모르는 것과 같다고 하셨습니다.
(제8식의 측면에서 업종자가 어지럽게 일어나려 할 때를 「亂心位」라고 하며, 전6식의 입장에서는 전부 작용을 하지 않는 단계를 「悶絶無心位」라고 한다. 이 시간은 길수도 짧을 수도 있는데 업장이 무거우면 길고 업장이 가벼우면 짧다.)

이어서 「난심위」가 지난 후, 제8식은 몸을 벗어나게 되고 온 몸이 싸늘하게 완전히 식게 되는데, 이때가 비로소 불법에서 말하는 진정한 「사망[命終]」의 단계이며, 이전에는 모두 「임종(臨終)」의 상태에 속합니다.

제8식이 몸을 벗어나는 순간, 바로 「중음신(中陰身)」이 형성되는데, 중음신이라는 것은 제8식이 이 오음보신(五陰報身: 오온으로 이루어진, 업의 과보로 받은 몸)을 벗어난 후, 아직 또 다른 하나의 오음보신을 형성하기 이전의 중간 단계에서 잠시 형성된 하나의 오음신입니다.

그런데 마침내 어느 도의 중음신을 형성할 지는 「난심위」에서 현행을 일으킨 종자가 어느 도의 업종자인가에 따라 결정됩니다.

만약 하늘[天道]의 선업종자가 현행을 하였다면 곧 제8식 속에 있는 하늘의 과보무기종자(果報無記種子)의 현행을 끌어내어 천인의 중음신을 형성시키지요.

만약 축생도의 악업종자가 현행을 하였다면, 곧 제8식 속에 있는 축생도의 과보무기종자의 현행을 끌어내어 축생도의 중음신을 형성시키는데, 기타 도는 같은 원리로 유추하여 알 수 있습니다.

그렇다면 이 **중음신은 어떤 모습일까요?**
"**생음과 유사하다[彷彿生陰]**"고 하였습니다.

그 뜻은 장차 몸을 받게 될 그 도의 오음신(五陰身)과 비슷하다는 겁니다. 하지만 몸의 크기는 조금 작다고 하였습니다. 예를 들면, 장차 축생도의 몸을 받게 되어, 소나 말로 태어나게 된다면 이때 형성된 중음신이 바로 소, 혹은 말의 모습이라는 거지요. 마찬가지로 만약 사람으로 태어나게 된다면 사람의 중음신은 마치 5, 6세의 어린아이의 크기와 같다는 겁니다.

중음신이 형성된 후 인연 있는 부모의 정자와 난자가 결합하는 순간은 기다렸다가 입태(入胎)를 하게 되는데, 이것을 「이제를 끌어당긴다[攬二渧]」고 하지요. 「이제(二渧)」란 바로 수컷의 정자와 암컷의 난자를 말합니다.

중음신은 인연 있는 부모가 교배를 하여 정자와 난자가 모였을 때를 만나면 입태를 하게 되는데, 이것을 「삼자 화합[三和合]」이라고 하지요. 비유를 하자면, 마치 자석이 쇠를 끌어당기는 것과 같습니다.(제8식은 자석과 같고 정자와 난자는 쇠와 같다.) 이렇게 세 가지 조건이 모이면 임신을 하게 되는데, 다음생의 오음신이 형성된 것이지요. (이는 태생의 경우를 말함.)

그런데 현대의학에서는 정자와 난자만 있으면 임신을 할 수 있다고 하는데, 이런 주장은 완전히 정확한 것은 아니지요. 만약 중음신이 들어가지 않는다면 정자와 난자가 있다 하더라도 새로운 생명을 탄생시킬 수 없으니까요.

중음신은 만약에 아직 입태할 기회를 만나지 못하였다면 7일째 되는 날, 죽었다가 다시 살아나게 되는데, 《유가론》에서는 「혹은 같은 부류로 태어나고, 혹은 다른 업으로 바뀌고, 다른 부류로 태어난다.[或同類生. 或餘業轉. 餘類生]」고 하였습니다.

그 뜻은 다시 태어날 때의 중음신이 어떤 이는 본래와 동류(同類)이고, 어떤 이는 다른 업력의 전변으로 인하여 기타 도의 중음신으로 형성된다는 것입니다. 이렇게 7일에 한 번씩 죽었다가 살아나기를 반복하는데 가장 늦게는 칠칠사십구일 사이에 입태를 할 수 있는 기회를 만나게 된답니다.

 여기서 7일에 한 번씩 변화를 하는 중음단계는 상당히 중요한 시간인데, 이때 중음신은 선업과 악업, 복과 지혜의 인연에 따라 바뀔 수가 있습니다. 아무튼 생사지간에 있어서 가장 중요한 단계는 「난심위(亂心位)」에 있습니다.

 그런데 이때 어떻게 해야 만이 선악의 업종자가 아닌 부처의 종자[佛種子]가 현행을 일으키는 가는 우리가 수행을 하는데 있어서 중점적으로 추구해야할 부분입니다.

 「난심위」에서 만약 불종자가 현행을 일으킨다면 무시이래의 생사윤회를 끊을 수가 있으며, 진정으로 삼계육도를 벗어나 성현이 되는 것이지요.

 두 번째로 중요한 시점은 「중음신」의 단계인데 권속들은 반드시 그를 위해 독경과 염불, 방생과 경전을 인쇄하여 그에게 좋은 인연[善緣]을 지어주어야 합니다. 절대로 살생을 하여 제사를 지내서는 안 됩니다. 중음신에게 악연만 제공해 줄 뿐입니다.
 이것은 모든 불제자들이 49재를 지내는 동안 중음신을 제도하는 준칙(準則)입니다.

4. 해탈의 관건

「생사의 정황」에 대해 이해를 하고 난 뒤, 우리는 계속해서 「해탈의 관건」에 대하여 연구해 보도록 하겠습니다.

목적 — 전식성지(轉識成智) : 단제혹업(斷除惑業), 개발지혜(開發智慧)

법칙 ┬ 정(定) : 지(止), 지식망념분별(止息妄念分別)
     └ 혜(慧) : 여리사유관찰(如理思惟觀察)

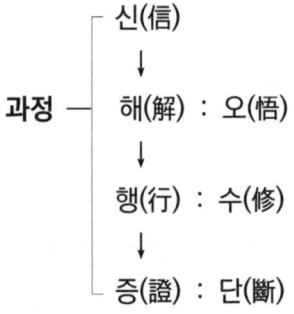

과정 ┬ 신(信)
     │   ↓
     │ 해(解) : 오(悟)
     │   ↓
     │ 행(行) : 수(修)
     │   ↓
     └ 증(證) : 단(斷)

우선 우리는 반드시 해탈의 목적이 어디에 있는지를 분명히 알아둘 필요가 있습니다.

불법에서는 해탈의 목적은 「식을 지혜로 바꾸는데[轉識成智]」 있다고 얘기하고 있습니다. 어두운[昏昧] 심식(心識)을 청정하고 밝은 지혜로 바꾸는 것이지요. 그래야만 비로소 미혹을 깨뜨리고 깨달음을 열 수 있으며[破迷啓悟], 고통을 여의고 즐거움을 얻을 수 있으니까요[離苦得樂]. 이것이야말로 궁극적으로 얻고자 하는 결과입니다.

그런데 이러한 결과를 얻으려면 반드시 혹업(惑業)을 제거해야 합니다. 우리들의 제8식 속에 저장되어 있는 무명의 종자가 바로「혹(惑)」인데, 이 무명의 심식(心識)은 십법계(十法界)의 온갖 차별적인 가상(假相)을 변화해냈습니다.

이 심식은 환과 같은 허망한 현상들을 만들어 내고는 스스로 또다시 이런 현상들을 반연하고 분별을 하며, 경계 속에서 탐·진·치 등의 온갖 번뇌를 일으키고, 신·구·의 삼업으로는 갖가지 선악업을 짓게 되는데, 이렇게 되어 생사의 괴로운 과보[苦果]는 끊임없이 잇따르게 됩니다.

우리들의 제8식 속에 혹업(惑業)은 모두 종자를 갖고 있지요. 만약 이런 혹업의 종자가 사라지기를 바란다면 반드시 불법에서 제시하는 수행의 공부과정을 거쳐야 하는데, 수행공부를 통하여 혹업을 끊고 지혜를 계발하였다면 이런 허망한 현상과 허망한 분별들은 사라지게 되며, 만법이 모두 평등일여(平等一如)한 법계의 본체가 드러나게 됩니다.
이것이야말로 모든 중생들의 진실한 본래면목이며 또한 우리가 해탈을 구하고 궁극적으로 도달하고자 하는 목표입니다.

그런데 이 목표에 도달하고자 한다면 반드시 어떠한 방법을 운용해야 할까요?
그 방법에는「선정과 지혜[定慧]」를 벗어나지 않습니다. 그리고 「정혜」를 닦는 데는 「지관(止觀)」의 법칙을 벗어나지 않지요.

「지」라는 것은 바로 망념과 분별을 멈추게 하는 것입니다. 끊임없이 망령되이 움직이고 반연하며 업을 짓는 무명의 마음을 우리는 그에 수순하지 않고 멈추게 해야 하니까요.

「관」이란 곧 이치에 맞게 사유하고 관찰하는 것으로, 진제의 이치[眞諦理]와 속세의 이치[俗諦理], 나아가 중제의 이치[中諦理]에 의지하여 우주와 인생에 대하여 사유하고 관찰한다는 것이지요.

관찰이 분명해지면 집착이 사라지고 망념이 그치게 되는데 이렇게 망념이 그치게 되면 관찰은 더욱 더 분명해지게 됩니다. 그리하여 지관을 동시에 닦아서 선정과 지혜가 깊어짐에 따라 혹업이 끊어지고 식(識)이 지혜로 바뀌게 되는데, 이것이 바로 우리가 장악해야 할 해탈의 법칙입니다.

해탈의 목적과 방법에 대하여 이해가 되었다면, 어떤 사람은 이렇게 질문을 하겠지요.
"해탈의 경지에 도달하려면 반드시 어떠한 과정을 거쳐야 합니까?"
그 답은 「믿음[信]·이해[解]·실천[行]·증득[證]」입니다. 불법(佛法)을 공부하는데 첫 걸음은 우선 불법에 대하여 믿음을 일으켜야 하고, 계속해서 불법에서 제시하는 진제의 이치, 속제의 이치, 중제의 이치에 대하여 심도 있는 이해를 하는 것입니다.
이해가 철저[徹悟: 확철대오]해지고 나면 다시 깨달은 바에 따라 수행을 해야 하는데 수행이란 곧 지관과 정혜를 닦는 것입니다. 그 공부가 깊어짐에 따라 어느 한 단계에 이르면 혹업의 종자가 끊어지게 되는데, 혹업의 종자가 끊어지면 곧 증과(證果)를 하고 지혜가 개발되겠지요.

지금까지 전반적인 수행의 과정에 대해 말씀을 드렸는데 말은 쉬운 것 같아도 실천을 하기에는 말처럼 쉽지가 않습니다.
옛날의 조사스님과 대덕들을 보더라도 금생에 확철대오를 하기 위하여 일생동안 몇십 개의 방석이 닳아 해어졌는지 모릅니다. 우리는 일생을 바삐 보내면서 항상 앉은 자리가 따뜻해질 겨를조차 없지요. 이로부터 해오(解悟) 또한 우리들의 생각처럼 쉽지 않다는 것을 알 수 있습니다.

그런데 해오(解悟)만 어려울 뿐만 아니라 번뇌를 끊고 증오(證悟)를 한다는 것은 더욱 더 어려운 일이라는 것입니다. 선정과 지혜를 닦아서 혹업을 끊는다는 얘기가 나왔는데 끊어야 할 미혹(번뇌) 가운데 가장 거칠고 가장 기본적인 번뇌가 견·사번뇌(見思煩惱)입니다.

견사번뇌 가운데에서도 우선적으로 견혹을 끊어야 하는데 경론에서는 「견혹을 끊는다는 것은 40리가 되는 폭류(瀑流)의 흐름을 단박에 끊는 것과 같다」고 하였습니다. 그러므로 다겁생의 시간이 필요하다는 것이지요. 다시 말해, 일생에 일생을 이어 수행을 하면서 수없이 긴 시간이 지나야 겨우 견혹을 끊을 수 있다는 것입니다.
그런데 이처럼 시간이 길다 보니 한 가지 문제가 발생하게 되는데 바로 **「격음의 미혹[隔陰之迷]**이 생기게 되지요.

우리들의 제8식은 앞의 오음신을 떠난 뒤에 중음신으로 형성되어 있다가 또다시 다음의 오음신을 받게 됩니다. 이렇게 하나의 새로운 오음신이 형성된 후 전생에서 배우고 닦은 것들은 전부 흐릿해지고 잊어버리게 되지요. 그러니 금생에서 반드시 불법을 만나 공부를 할 수 있는 여건들이 주어지는 것은 아니라는 말이지요.

설사 불법을 만나서 공부를 할 수 있다고 하더라도 전생에서 배우고 닦은 것을 바로 이어나갈 수 없기 때문에 깨달음을 향한 여정에서 우리는 또 다시 처음부터 시작을 할 수밖에 없는 것이지요. 그러다 보니 영원히 초급반의 학생밖에 못되는 것입니다.

이것은 마치 추운 겨울에 물을 끓이는데 물이 50℃쯤 되었을 때 불을 끄고는 조금 있다가 또다시 0℃에서부터 다시 끓이는 것과 같습니다. 이렇게 물을 끓이다 말다가 하니까 영원히 물이 끓을 기약이 없는 것이지요. 이것이 바로 「격음의 미혹」이 수행자에게 나타나는 장애입니다.

이 「격음의 미혹」 때문에 수행의 시기를 놓친 사례들 중에서 고덕들이 가장 자주 드는 예로는 송나라의 소동파(蘇東坡)입니다. 소동파의 전생은 송나라 때 고승이신 사계(師戒) 선사인데 이 사계 선사의 높고 오묘한 깨달음의 경지에 대하여 그 분의 전기(傳記) 속에는 분명하게 기록되어 있지요.

다만 애석하게도 정혜(定慧)의 힘이 부족하여 그 생에서 견혹조차 끊지 못했기 때문에 「난심위」에서 어지러워질 수밖에 없었던 것이지요. 이렇게 어지러워지고 나니 다음 생에는 소동파로 태어났단 말이지요. 그런데 소동파의 다음 생은 누구였을까요? 참으로 상상하기조차 두렵네요.

그리고 또 한 분은 절강성에 있는 안탕(雁蕩)산의 수행승인데, 번뇌를 끊지 못하였으므로 「격음의 미혹」이 있고 나니 송나라의 간신인 진회(秦檜)로 태어나게 되었습니다. 이 사례는 더욱 더 참혹합니다. 그러니 이처럼 「난심위」에서 타락을 하여 미혹에서 미혹으로 들어가는 사람들은 아주 많은데 이것이야말로 진실로 수행을 하는데 가장 큰 장애인 것이지요.

그리고 수행을 할 때 나타나는 큰 장애에는 「격음의 미혹」외에도 또 한 가지가 있는데 바로 「퇴전」입니다.
이 퇴전은 모든 사람들이 수행을 할 때 항상 나타나는 현상입니다. 왜 이런 말이 있잖습니까. "부처님 공부 1년이면 부처님은 눈앞에 계시고 부처님 공부 2년이면 부처님은 서천에 계시고 부처님 공부 3년이면 부처님은 구름과 연기처럼 사라진다."
이 말에서 볼 수 있듯이 한 걸음 내딛고 몇 걸음 물러나는 것이 우리와 같은 범부중생들의 진실한 모습들이 아닌가 싶습니다. 이처럼 사람마다 격음의 미혹이 있고 또 쉽게 퇴전을 하기 때문에 중생들의 도업(道業)은 끊임없이 늦춰지고 해탈을 하려 하나 아득하여 기약이 없는 것이지요.

정법시대에는 증과를 하신 분들이 수없이 많았고, 상법시대에도 깨닫고 증득을 하신 분들이 여전히 많이 계셨습니다. 그런데 말법시대에 이르러 깨달은 자는 봉황의 깃털과 기린의 뿔과 같이 적고, 증득을 하신 분은 매우 드물고 희유하다는 것입니다.

그렇다면 말법시대에 처해있는 우리에게는 해탈의 희망이 전혀 없다는 말일까요? 답은 그렇지는 않습니다. 부처님의 말씀에 의하면 말법시대에는 정토염불법문을 의지해 생사에서 벗어날 수 있다고 하셨습니다. 왜냐면, 정토법문은 「이행도(易行道)」이며, 「특별한 첩경[特別捷徑]」의 법문이니까요.

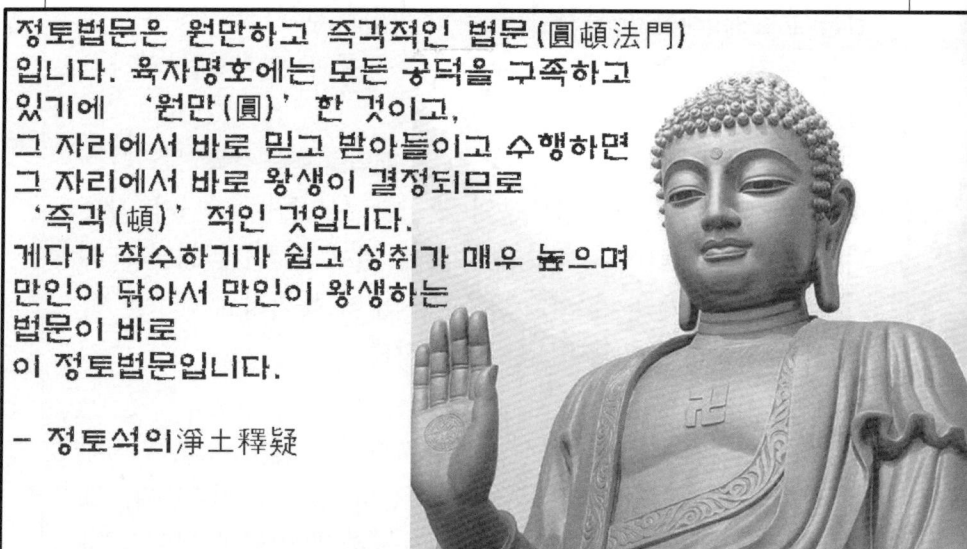

정토법문은 원만하고 즉각적인 법문(圓頓法門)입니다. 육자명호에는 모든 공덕을 구족하고 있기에 '원만(圓)'한 것이고,
그 자리에서 바로 믿고 받아들이고 수행하면 그 자리에서 바로 왕생이 결정되므로 '즉각(頓)'적인 것입니다.
게다가 착수하기가 쉽고 성취가 매우 높으며 만인이 닦아서 만인이 왕생하는
법문이 바로
이 정토법문입니다.

- 정토석의淨土釋疑

5. 정토법문, 특별한 지름길

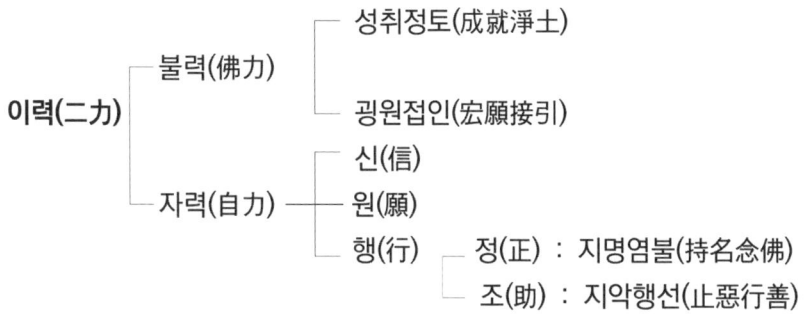

무슨 이유로 정토법문을 「특별한 첩경」이라고 했을까요?

첫째는, **마음을 깨닫고 번뇌를 끊을 필요 없이 성취할 수 있다**는 것입니다. 일반법문은 반드시 깨닫고[悟]·닦고[修]·끊고[斷]·증득[證]을 하는 과정을 거쳐야만 성취를 했다고 할 수 있지만, 정토법문은 깨닫고 끊을 필요 없이 성취를 할 수 있으니, 어떻게 특별하지 않겠습니까?

둘째는, **시간이 짧아 다겁 생이 아닌 금생에 성취할 수 있다**는 것이지요. 금생에서 정토를 닦아 설사 일년, 반년, 혹은 사흘, 닷새, 내지는 십념, 일념만이라도 성취를 할 수 있으니, 어떻게 첩경이 아니겠습니까?

그렇다면 왜 이처럼 수승하고 특별할까요? 그것은 정토법문이 「이력(二力)」이기 때문입니다. 그 외 일반법문은 모두 자력(自力)에 의지하여 닦고 증득을 해야 하지만 정토법문은 부처님의 힘[佛力]이 추가됩니다.

비유를 하자면, 길고도 험난한 길을 만약 몸이 허약한 사람이 혼자서 끝까지 걸으려고 한다면, 이것은 얼마나 힘들고 어려운 일이겠습니까? 그런데 만약에 태산을 등에 업고 북해(北海)를 뛰어넘을 수 있는 힘을 가진 장사가 있어서 그 사람을 도와준다면 쉽고도 빠르게 목적지에 도달할 수 있겠지요.

그럼 **부처님께서 도와주실 수 있는 힘은 어떤 것일까요?** 간략하게 두 가지를 들어 설명하겠습니다.

첫째는 「**정토를 성취한다[成就淨土]**」입니다.
모든 부처님께서는 원만한 불과를 성취하는 동시에 장엄한 정토도 함께 성취하십니다. 그러므로 모든 부처님에게는 전부 정토가 있지요.

지금은 전적으로 아미타불의 정토인 서방극락세계로 가리킵니다. 아미타불께서 보살도를 닦으실 때[法藏比丘], 중생들이 수행을 하여 증과(證果)를 하는 것이 이처럼 어렵고, 생사를 해탈한다는 것 또한 이처럼 기약 없이 아득하다는 것을 보시고는 큰 원을 발하셨는데 가장 수승하고 특별한 정토를 성취하여 그 나라에 왕생한 중생들로 하여금 더 이상 윤회를 하지 않고 더 이상 퇴전을 하지 않게 하겠다는 것이었습니다.

다시는 윤회를 하지 않는다면 「격음의 미혹」은 없을 것이고 더 이상 「퇴전」을 하지 않는다면 도업은 하루에 일사천리의 속도로 발전하겠지요. 이렇게 되면 수행을 하는데 가장 큰 두 가지 장애는 단박에 사라지게 되며 틀림없이 빠른 속도로 성불을 할 수 있겠지요.

이러한 정토를 성취하기 위해 아미타불께서는 보살도를 닦으실 때 이백 십억에 달하는 제불의 정토를 자세히 참고 하였으며, 그 중에서 정수만을 취하여 설계도를 그리고 대원을 발하셨지요. 그런 다음 실천의 산[行山]으로써 대원의 바다[願海]를 메우시고 중생들과 매우 깊고도 오랜 인연을 맺으셨으며 마침내 수승하고 특별한 극락세계를 성취하셨는데 그 나라는 모든 정토의 정수를 모은 집대성이라고 할 수 있겠습니다.

모든 부처님의 정토가 갖춘 수승함을 극락에는 전부 갖추었지만, 극락세계가 갖춘 수승함을 다른 부처님의 정토에서는 반드시 갖춘 것은 아니지요. 자세한 내용은 정토를 소개하는 경론 속에서 설하신 바와 같습니다.

불력(佛力)의 두 번째는 **「큰 원을 세워 중생들을 접인한다[宏願接引]」**는 것입니다.

극락정토가 비록 좋다고는 하지만 어떻게 중생들로 하여금 그 나라에 태어날 수 있도록 할 것인가? 모든 부처님의 정토는 모두 번뇌를 끊어야만 왕생하여 극락의 경계를 수용(受用)할 수 있습니다. 석가모니불과 약사불 등의 정토가 그렇습니다.

오직 극락정토만이 범부의 신분으로 왕생을 할 수 있는데 이것은 아미타불께서 일찍이 「접인」의 대원을 발하였기 때문입니다. 어떤 중생들도 믿음과 원력이 있어서 극락세계에 태어나기를 원한다면 임종시에 아미타불께서는 반드시 직접 연꽃(전용기)을 타고 마중을 나올 것입니다.

이 접인의 대원은 오직 아미타불께만 있고, 다른 부처님들께는 없습니다. 따라서 아미타불께서 크신 원력으로 접인(영접)을 하므로 중생들은 번뇌를 끊지 않고도 정토왕생을 할 수 있는 것이지요.

다만 중생들이 「임종」 때에 여전히 믿음과 발원이 있어야만 아미타불의 원력과 감응을 이루어 아미타불과 여러 성중들이 제때에 몸을 나투시어 위로하고 영접을 하게 됩니다. 부처님께서 직접 나투시어 영접을 하므로 이 중생은 난심위에서 어지럽지 않게 되는데, 「임종」시에는 「마음이 전도되지 않고[心不顚倒: 제8식 속에서 전도된 업종자가 일어나지 않는다]」업의 종자가 일어나지 않고 부처의 종자가 현행하게 되므로 「곧 극락정토로 왕생하게 됩니다.」

따라서 「임종」의 단계에서 믿음과 발원을 갖춘 정념[信願正念]을 유지할 수 있는가는 부처님을 뵙고 극락왕생을 할 수 있을지 여부를 결정하는 결정적인 요인이 되겠지요. 이 도리를 알아야 비로소 수행이 요점과 조념의 요령을 파악할 수 있습니다.

염불하는 사람이 임종시에 부처님을 뵙는 시기는 빠른 경우와 늦은 경우가 있는데 빠른 경우는 2, 3일 전에 뵙고, 혹은 몇 시간 전, 몇 분전 등 시간이 일정하지가 않으며, 늦은 경우에는 명종(命終) 전의 찰나에 부처님께서 몸을 나투시지요.
　여기까지 말씀드린 왕생에 관한 도리는 매우 요긴한 부분이므로 반드시 자세한 연구를 통하여 분명히 아셔야 합니다.

　위에서 서술한 바로부터 우리는 아미타불의 자비가 참으로 극치에 이르렀음을 알 수 있습니다. 중생들이 번뇌를 끊기가 어려우니 하나의 수승한 정토를 성취하여 왕생을 한 자들로 하여금 영원히 윤회를 하지 않고 영원히 퇴전을 하지 않게 하였으며 또 중생들이 번뇌를 끊지 않고선 정토에 태어나지 못한다는 사실을 아시고는 일일이 몸소 연꽃(전용기)으로 영접을 하십니다. 그래서 범부중생들이 믿음과 발원만 있으면 곧 쉽게 아미타불의 연꽃(전용기)에 탈 수 있게 되었지요.

　또한 아미타불의 연꽃(전용기)에 타기만 하면 바로 횡으로 삼계를 뛰어넘고[橫出三界: 견사번뇌를 끊지 않고 삼계를 벗어남] 그 나라에 태어나면 또다시 횡으로 네 가지 국토를 뛰어 넘지요.(원만하게 세 가지 불퇴전을 증득하고 일생보처의 지위에 오른다.)
　법문이 여기까지 이르니 정말로 이 이상 더할 수는 없습니다. 그러니 이 법문을 만난 모든 인연 있는 이들은 그 얼마나 경사스럽고 다행스럽겠습니까!
　다음은 자력(自力)에 대해 말씀드리도록 하겠습니다. 불력은 어디까지나 도와주는 역할을 할 뿐이지 대신할 수는 없습니다. 그렇다면 부처님께서 영접을 하러 오셨을 때 어떻게 해야만 부처님과 접속(감응)을 할 수 있을까요?

　고덕(古德)들은 경론의 가르침에 의지하여 세 가지 조건을 열거하였지요.

세 가지 조건이란 바로 믿음[信]·발원[願]·실천[行]인데, 이것을 「정토삼자량(淨土三資糧)」이라고도 합니다.

「믿음」이란 극락세계와 아미타불의 존재가 진실하여 허망하지 않다는 것을 믿어야 합니다. 경전에서는 「믿음은 도의 근원이요, 공덕의 어머니다」라고 말씀하셨습니다. 어떤 법문을 닦던 간에 반드시 그 법문에 대하여 신심이 있어야 하는데 만약 신심조차 없다면 그 다음 단계의 공부는 얘기할 필요가 없겠지요. 정토법문 또한 예외가 아닙니다.

「발원」은 사바세계에 대하여 염리심(厭離心)을 내고 극락에 대해서는 흠모하여 구하려는 마음, 다시 말하자면 극락왕생 발원을 하는 것이지요. 원력은 매우 중요합니다. 한 사람의 뜻은 스스로 바꾸지 않는다면 빼앗을 수 있는 사람이 없으니까요.

그래서 공자께서는, "삼군(三軍)의 장수를 빼앗을 수 있어도 필부(匹夫)의 뜻은 빼앗을 수 없다"고 하셨지요. 그러므로 자신이 극락왕생을 원치 않는다면 아미타불께서도 어찌할 방법이 없습니다. 부처님께서 여러분을 연꽃(전용기) 속으로 억지로 끌고 갈 수는 없으니까요.

지금 현재까지 이 우주 속에는 아직 강제로 끌고 가는 법문은 없습니다.

다음은 「실천[行]」인데 실천에는 주된 수행[正功夫]과 보조수행[助功夫]이 있습니다. 주된 수행이란 염불수행을 말하는데 역대 조사스님들이 가장 선호하는 지명(칭명)염불입니다. 그리고 보조수행은 악을 그치고 선을 닦는[止惡修善] 것이지요.

▲ 신·원·행 삼자의 관계

먼저 신·원·행 삼자의 관계에 대해 말씀을 드리도록 하겠습니다.

이 삼자는 사실상 한 덩어리와 같아서 따로 분리할 수 없는 밀접한 관계를 갖고 있습니다. 대체로 믿음이 있으면 발원이 있고, 발원이 있으면 실천이 따르기 마련입니다.

우익(藕益) 대사께서는, "믿음이 아니고서야 원력을 계발할 수 없고, 원력이 아니라면 실천을 이끌어 낼 수 없다. 지명(持名)염불의 묘행(妙行)이 아니면 원력을 만족시키고 믿는 바를 증득할 수가 없다"고 하셨습니다.

또 말씀하시기를, "일념의 마음에 의해서 신·원·행을 말하는데, 선후관계가 아니고 반드시 셋도 아니다. 대개 원력과 실천이 없으면 진실한 믿음이라고 할 수 없고, 실천과 믿음이 없으면 진정한 원력이라고 할 수 없으며, 믿음과 원력이 없다면 참된 실천이라고 할 수 없다"고 하셨지요.
인광대사께서도, "마치 솥의 세 발과 같아서 하나라도 모자라면 쓰러지게 되지만 세 가지를 전부 갖춘다면 틀림없이 왕생을 할 수 있다"고 하셨습니다.

그런데 비록 삼자의 관계가 그렇기는 하지만 그래도 중추적인 역할은 믿음과 발원에 있다고 볼 수 있습니다. 왜냐면 믿음과 발원이야말로 실천의 원동력이고 또한 왕생의 관건이니까요.
우익대사께서는, "왕생의 여부는 전적으로 믿음과 발원의 유무에 의해 결정되고, 품위(品位)의 높고 낮음은 전적으로 지명염불의 깊이에 달려있다"고 말씀하셨지요. 이 말씀은 믿음과 발원이 있다면 왕생을 할 수 있고, 믿음과 발원이 없으면 왕생을 할 수 없다는 것입니다.

아미타부처님의 본원은 시방세계 중생들이 그 나라(극락세계)에 태어나고자 하는 발원만 있으면 임종시에 반드시 일일이 연꽃(전용기)을 타고 마중을 나오신다고 하셨지요.

이 원력은 오직 아미타부처님께만 있으시고 다른 부처님은 이런 원력이 없으십니다. 그러므로 우리가 임종시에도 여전히 믿음과 발원을 갖춘 정념[信願正念]이 있다면 능히 부처님의 원력과 감응을 하여 아미타불께서는 성현의 무리들과 함께 몸을 나투시어 영접을 하게 되지요.

이렇게 되면 「난심위」에 들어가지 않게 되는데 목숨이 다하여 제8식이 육신을 떠나려는 무렵, 마음이 전도되지 않고(제8식 속에 있는 전도된 업종자가 일어나지 않는다) 업종자가 일어나지 않으면 다시는 윤회 속으로 끌려가지 않고 곧장 극락정토왕생을 하게 됩니다.

여기서 우리는 왕생의 관건은 오직 임종시 「믿음과 발원」을 갖춘 정념에 있다는 사실을 알 수 있습니다. 그런데 이 임종시의 정념은 결코 요행으로 이루어진 것이 아니라 평소에 염불수행이 어느 정도 바탕이 되어 있어야 합니다.

평소의 염불수행이 득력을 하여 번뇌를 조복시킬 수 있어야 번뇌에 휘둘리지 않을 수 있는데, 그래야 임종의 순간에도 휘둘리지 않을 수 있겠지요.

그런데 만약 평소에 이미 어지러운데 어떻게 또 임종시에 어지럽지 않기를 기대할 수 있겠습니까? 그러므로 임종시에 믿음과 발원이 있다는 것은 다행히도 평소에「행」이 있었기 때문이지요.

　평소에 진정한「행」이 있어야 비로소 임종시에도「믿음과 발원」이 있을 수 있습니다. 또한 임종시에 진실한「믿음과 발원」이 있어야 비로소 만에 하나의 실수도 없이 틀림없이 정토왕생을 할 수 있습니다.
　따라서 왕생의 조건에는 여전히 신·원·행 삼자를 전부 갖춰야만 충분한 확신이 있다고 할 수 있습니다.

　만약 평소에「실천[行]」에 힘쓰지 않아서 번뇌를 조복시키지 못하였다면 임종시에 반드시 믿음과 발원이 있다고 확신할 수 없으므로 당연히 반드시 정토왕생을 할 수 있다고 장담할 수 없겠지요. 하지만 이것은 "장담을 할 수 없다"는 것이지, "절대 왕생을 할 수 없다"는 것은 아닙니다.

　흔히 볼 수 있는 예로, 어떤 사람은 시간과 인연이 없어서 염불공부를 제대로 잘 하지 못한 상황에서 갑작스럽게도 무상(죽음)이 닥쳐왔으나 극락왕생을 하려는 믿음과 발원이 몹시 굳건하므로 이 굳건한 믿음과 발원은 족히 임종시의 우비고뇌 등의 감정들을 조복하고 아미타부처님께서 직접 몸을 나투심을 감응 받아 정토에 왕생할 수 있기 때문입니다.

　그래서 우익대사께서는, "믿음이 결정되고, 발원이 간절하다면 비록 산란한 마음[散心]으로 염불을 하더라도 반드시 왕생을 할 수 있다. 하지만 믿음이 진실하지 않고 발원이 용맹스럽지 않다면 비록 일심불란에 이르더라도 왕생을 할 수 없다"고 말

씀하셨으며,

　인광대사님께서도, "염불법문은 믿음과 발원을 중시하는데 믿음과 발원은 있으나 아직 일심불란을 얻지 못하였더라도 왕생을 할 수 있다. 반면에 비록 일심이 되었지만 만약 믿음과 발원이 없다면 여전히 왕생을 할 수 없다. 세상 사람들은 대다수가 일심불란만 중시하고 믿음과 발원은 소홀히 하는데, 이것은 이미 정토법문의 요체를 잃은 것이다. 게다가 또 아직 일심이 되지 않았으니 왕생을 못하는 것이 아니냐는 의심까지 생겨난다면 이것은 믿음과 발원이 완전히 어긋나게 된다. 이를 계기로 더욱 더 믿음과 발원에 힘을 쓰시어 일심불란에 이른다면 좋은 생각이 되겠지만, 만약 일심이 되지 않았다고 해서 항상 왕생을 할 수 없다는 생각을 갖는다면 이것은 좋지 못한 생각이니 반드시 알아둬야 한다"고 말씀하신 것이지요.

　여기서 우리는 정토왕생의 길이란 끊임없이 믿음과 발원을 일으키는 길이라는 것을 알 수 있습니다. 우리는 일상 속에서 반드시 부단히 반성하고 자신에게 되물어야 합니다.

　"믿음과 발원이 여전히 있는가?"
　있다면 틀림없이 왕생을 할 수 있겠지요. 하지만 스스로 자신을 속여서는 안 됩니다. 믿음과 발원은 있지만 염불(행)은 하기 싫다고 해서는 안 된다는 것이지요. 염불이 싫다고 한 이상 당신의 믿음과 발원 또한 진실하지도 간절하지도 않다는 것을 알 수 있으니까요.

　그래서 우익대사께서는, "실천과 원력이 없는 믿음은 진실한 믿음이 아니고, 믿음과 실천이 없는 발원은 간절한 발원이 아니며, 믿음과 발원이 없는 실천은 바른 실천이 아니다"라고 말씀하셨지요.

▲ **진실한 믿음과 간절한 발원**
다음은 믿음과 발원이 어느 정도에 이르러야 비로소 진실하고 간절하다고 할 수 있는지에 대해 말씀드리겠습니다.

「**믿음**」**은 반드시 몸과 마음을 다 바쳐 기댈 수 있어야[全身靠倒] 합니다.** 어떠한 괴롭고 어려운 일들을 당하든지, 팔풍(八風: 우리 마음을 흔들리게 하는 8가지의 현상. 이利, 쇠衰, 훼毁, 예譽, 칭稱, 기譏, 고苦, 락樂)이 얼마나 세차게 불든지, 질병에 어떻게 시달리든지, 나의 마음은 놀래지도 움직이지도 않으며 온몸으로 이 한마디 만덕홍명(萬德洪名)과 아미타부처님의 자비광명에 기대어 의지해야 하는데, 이 정도가 되어야 진정한 「나무(귀명)」라고 할 수 있지요.

「**발원**」**은 반드시 기뻐하며 뛰어갈 수[載欣載奔] 있는 수준이 되어야 합니다.** 일상생활 가운데서 어떠한 칭찬과 비난, 모욕과 억울함을 당하더라도 극락고향(極樂家鄉)과 미타자부(彌陀慈父)에 대한 생각만 떠오르면 바로 기쁘게 뛰어갈 수 있어야 비로소 진정한 극락세계를 흠모하고 사바세계를 싫어한다고 할 수 있습니다.

이원정 거사님께서도 이런 비유를 드신 적이 있지요.
"마치 어린아이가 어느 날 갑자기 어머니를 잃었을 때, 이때 그 아이는 이 세상에서 오직 자신의 어머님만이 의지할 수 있음을 진심으로 믿고[眞信], 어머님을 보고 싶은 바램만 간절[切願]할 뿐이다. 이때는 사탕과 과일로는 달랠 수가 없고 때리고 욕해도 놀라게 할 수 없다. 바로 이때의 믿음은 진실한 믿음이고 발원은 간절한 발원이다. 전혀 억지스럽지 않고 조금도 헛된 거짓이 없다."

믿음과 발원이 진정으로 이처럼 참되고 절실하다면 비단 틀림없이 왕생을 할 수 있을 뿐만 아니라 염불을 하는데 또한 쉽게 득력(得力)할 수 있습니다.

▲ 믿음과 발원의 배양
다음은 믿음과 발원의 배양에 대해 말씀드리겠습니다.
믿음과 발원이 생겨나는 데는 두 가지 조건을 벗어나지 않지요.

첫째는 이치[理]로부터이고 둘째는 사(事)로부터입니다. 이치적으로는 경전의 가르침과 조사스님들의 법문을 벗어나지 않습니다. 하지만 단지 문자에만 맴돌아서도 안 됩니다. 이치에 통달하고 나서는 더욱더 자주 경전을 독송하고 그 이치에 대해 정밀하게 사색하고 음미해야 하며 일상생활 속에서도 부처님의 진실한 뜻과 부처님의 은혜에 대해 자주자주 상기시키고 제대로 이해를 하려고 노력해야 합니다.

「사事」적인 부분은 고금이래로 극락왕생한 사례와 연우(蓮友)님들의 왕생조념을 통하여 더욱 깊고 절실한 검증과 계시를 얻을 수 있습니다.

▲ 주된 수행(칭명염불)
이미「믿음과 발원」에 대해 말씀을 드렸으니, 다음은「실천

「行」에 대해 말씀을 드리도록 하겠습니다.
　실천에는 주수행과 보조수행이 있는데 주수행은 지명(칭명)염불이고 보조수행은 악을 그치고 선을 닦는 것이지요.

　지금은 먼저 주된 수행에 대해 살펴보겠습니다.
　우선 염불을 하는 방법에 대해 살펴보겠는데, 큰 소리로 하는 고성념(高聲念)과 낮은 소리로 하는 저성념(低聲念), 혀와 입술만 움직이며 본인만 들을 수 있는 금강념(金剛念)이 있으며, 마음속으로 하는 묵념(默念)과 숫자를 세면서 하는 기수념(記數念) 등이 있습니다.

　염불을 할 때 각자 근기와 편의에 따라 적당히 바꿔가며 사용할 수도 있지요. 이 중에서도 「저성념」과 「금강념」으로 염불을 하면 힘이 가장 적게 들지요.
　만약 환경과 기력이 허락한다면 10가지 수승한 이익을 갖춘 「고성념」으로 염불을 할 수 있습니다. 그런데 주변 환경이 불편한 상황이라면 「묵념」으로 하시면 되지요. 이 염불은 시간과 장소의 제한을 받지 않으니까요.
　그리고 이 여러 가지 방법들에는 모두 「기수념」을 추가하여 사용할 수 있는데, 이 방법은 가장 쉽게 마음을 가다듬고 흐트러지지 않게 할 수 있습니다.

　다음은 「의궤(儀軌)」입니다.
　여기에는 상행(常行), 상좌(常坐), 반행반좌(半行半坐), 비행비좌(非行非坐), 그리고 궤념(跪念: 무릎을 꿇고 하는 염불)과 배념(拜念: 절을 하면서 하는 염불) 등의 방법들이 있습니다. 각자의 근기와 편의에 맞추어 가끔씩 교환을 하며 사용할 수 있는 방법들이지요.
 만약 좌념(坐念)을 선택하였을 때는 가부좌를 트는 요령을 따라야 합니다. (자세한 내용은 천태의 25방편을 참고하시길 바랍니다.)

 다음은 요결(要訣)입니다. 요결에는 혼침을 다스리는 요결과 산란함을 다스리는 요결이 있습니다.
 초학자들은 마음이 산란한 경우가 많은데 이 산란한 마음을 다스리는 데는 두 가지 비결이 있습니다.
 첫째는 「청(聽)」자 결입니다. 염불을 할 때 반드시 한 글자 한 글자를 또박또박 읽어야 하며, 한 글자도 놓치지 않고 분명하게 들어야 합니다. 「아-미-타-불」 「아」자를 분명하게 듣고 난후에 다시 「미」를 읽고 「타」자를 읽고 난 후에 다시 「불」자를 읽는 것이지요.
 「아」자를 읽을 때는 이 「아」자에 마음을 집중하여 자세히 듣되, 온 우주 가운데 오직 「아」자만 있고 몸과 마음의 세계가 따로 없다는 것을 느껴야 합니다. 「아」자를 읽을 때가 이러하고 다른 자를 읽을 때도 또한 마찬가지입니다. 이와 같이 한 글자 한 글자씩, 한 마디 한 마디를 분명하게 들을 수 있어야 육근이 모두 거두어지고 망상이 들어오지 않게 되는데 이때에 비로소 「상응」이란 말을 할 수 있습니다.

 둘째는 「사(死)」자 결입니다. 만약에 어떤 일이 마음에 걸려서 온통 그 생각으로 꽉 차있다면, 아무리 입으로 부처님의 명호를 염송한들 어찌 상응할 수 있겠습니까? 이때는 반드시 「현재 염불을 하는 순간, 현재 곧 왕생을 한다」는 생각을 해야 합니다. 무상(죽음)이 이미 들이닥쳤으니, 이 일념으로 곧바로 왕생을 한다는 관상(觀想)을 해야 한다는 것이지요.

이 순간 사바세계에 대한 모든 미련을 내려놓기 싫어도 내려놓아야 합니다. 내려놓기 싫은들 어떡하겠습니까? 이렇게 생각을 할 때 자연히 미련을 내려놓을 수 있고 왕생을 하려는 마음이 저절로 간절해지게 되지요. 이것이 바로 인광대사님께서 이 죽을 「사」자를 항상 이마에 붙여 두라고 하신 뜻이며 번뇌를 조복 받는 묘한 비결이지요.

수행을 오래 하신 분이라면 산란한 마음이 점차 줄어드는 대신에 쉽게 혼침에 빠질 수 있습니다. 일단은 혼침이 있으면 바로 여러 가지 방법들을 동원하여 잘 다스려야 하는데 습관이 되어서는 안 된다는 겁니다.

앉아서 염불을 할 때 혼침이 오면 반드시 허리를 곧게 펴고 눈을 크게 뜬 다음 큰 소리로 염불을 하십시오. 그래도 혼침이 온다면 일어나셔서 찬물로 세수를 하고 그것도 안 되면 절을 하든지 경행을 하십시오. 만약 너무 피곤하여 도저히 감당이 안 되면 차라리 누워서 잠을 푹 자고 나서 정신이 번쩍 들 때 다시 염불을 하셔야 합니다.

▲ **보조수행(악을 그치고 선을 닦음)**

이미 주된 수행에 대해 말씀을 드렸으니, 다음은 보조수행에 대해 말씀드리겠습니다.

보조수행이란, 주된 수행을 돕는다는 뜻이지요. 주수행 외의 모든 법문을 전부 보조수행으로 사용할 수 있습니다. 다만 각자의 근기와 편의에 따라 필요한 부분을 선택할 수 있지요.

대략적으로 말씀드리자면 「지악과 수선[止惡修善]」의 범위에서 벗어나지 않습니다.

「지악」의 요지는 「번뇌를 조복시키고 습기를 다스린다」에 있으며, 그 요결은 「항상 알아차려서 경계에 (마음이) 흔들리지 않아야 한다[常起覺照 不隨境轉]」에 있습니다.

　우리가 교리에 대한 연구를 통해 이해가 되었다면 반드시 일상생활 가운데서 교리에 의지하여 각조(覺照: 알아차림)를 해야 합니다. 밥을 먹고, 옷을 입고, 운전을 하고, 화장실을 가고, 책을 읽고, 사무를 보고, 대중생활을 하고, 집에 머물고, 또는 병을 앓는 등, 어떠한 환경 속에서도 항상 깨어있어 알아차림을 해야 하지요.

　알아차림을 하면 번뇌는 곧바로 사라지게 됩니다. 번뇌가 사라지면 부처님의 명호가 바로 떠오르겠지요. 이렇게 주공부와 보조공부가 동시에 진행되면 일체 경계 속에서 번뇌가 일어나지 않고 허망한 분별심이 일어나지 않게 됩니다. 또한 자재(自在)하여 근심 걱정이 없으며, 부처님 명호가 사라지지 않게 되는데, 공부가 이 정도가 돼야 비로소 진정한 공부[眞功夫]가 있다고 말할 수 있겠지요.
　예전에 이런 얘기를 들은 적이 있습니다.
　광흠 노화상께서는 항상 제자들에게 「고행」을 닦으라고 가르치셨답니다.

　"무엇이 고행입니까?"라고 물으면,
　"인욕(忍辱)이니라"라고 말씀 하셨지요.
　또 "무엇이 인욕입니까?"고 물으면,
　"일체를 따지지 않고 일상생활 속에서 분별심을 일으키지 않는 것이다[一切不計較 日常生活不起分別心]"라고 답을 하셨습니다.

이 말씀이야말로 진실로 수행을 하는데 가장 긴요한 핵심이지요.

대체로 만법이 유심이고 마음에는 마음이라는 형상이 없습니다.[萬法唯心 心無心相] 우리들의 생사근원이 바로「무명으로 인한 헛된 움직임[無明妄動]」에 있는데, 우주만법이 모두 우리들의 허망한 움직임과 허망한 분별심으로 인해 존재한다는 것이지요.

지금 수행을 한다는 것이 바로「분별심이 일어나지 않음[不起分別心]」을 닦는 것일 뿐입니다. 이른바「상대적인 분별을 떠나서 선과 악에 모두 물들지 않는다[離對待分別 善惡皆不染]」가 곧 이 이치입니다.

또 듣기로는, 옛날부터 총림의 모든 소임과 일들은 전부 사람들에게 수행을 가르치는 도구라고 하였는데, 모두 경계들을 빌어 마음을 단련[藉境鍊心]할 수 있었으니까요. 따라서 어떤 일을 하든지, 어떤 사람을 만나서 어떤 말을 듣든지, 모두 수시로 알아차림[覺照]을 하여 번뇌를 일으키지 않고, 따지고 분별하지 않으며, 부처님 명호가 뚜렷하여 잃지 않아야 비로소 진정한 자재[眞自在], 참된 수행이라고 할 수 있습니다.

그러므로 수행을 잘 한다는 것은 단지 법당에 앉아서 조용히 수행하는 것만이 아니라 움직이고 말을 할 때도 닦아야 하며, 또한 반드시 닦아야 합니다.

수행을 잘 하는 사람은 어디서나 모두 도량이고, 모두 수행을 할 수 있지요. 뿐만 아니라 사람을 상대하고, 옷을 입고, 밥을 먹을 때도 시시각각 공부를 할 수 있지요.

다음은 「선을 닦음[修善]」부분입니다.

정업을 닦는 사람들은 염불을 하고 악을 그치는 수행 외에 여전히 선(善)을 겸하여 닦아야 합니다.

예를 들면, 예참(예불, 참회)과 보시(재보시, 무외보시, 법보시), 중생교화 등이 있지요.

어떤 분들은 이런 의문이 있을 수 있습니다.

"한마디 홍명(洪名: 거룩한 이름) 속에는 모든 공덕이 원만하게 다 들어있고[圓具萬德], 복과 선이 충분히 갖춰져 있는데 어찌 따로 온갖 선을 닦아야 합니까?"

그 답은 이렇습니다.

"그렇지 않다."

인광대사님께서 말씀하시기를, "한 가지 법문 속으로 깊숙이 들어가서[一門深入], 다른 법문을 모두 폐지하는 것은 오직 불칠법회에서만 가능하다. 평소에 만약 (중생구제를 위해) 다시 오신 불보살님이 아니시라면 게으르고 거만한 폐단이 생겨나지 않는 자가 없다. 왜냐면, 범부들의 마음은 한 가지를 오래하면 싫증이 나기 때문이다. 하늘이 만물을 기르는 데는 반드시 날이 개이고 비가 내리는 것을 조정(調停)하고, 춥고 더움을 번갈아 교체해야만 비로소 생성과 조화의 실제(實際)를 얻을 수 있다.

만약 항상 비가 내리거나, 항상 하늘이 맑거나, 항상 춥거나, 항상 덥다면 온 천하에 한 물건도 남아나지 않을 것이다. 하물며 우리들의 마음은 원숭이와 같아 온갖 방법으로써 다스리지 않고, 그 마음이 한 곳에 머물며 망령되이 뛰어다니지 않기를 바라는 것은 매우 어려운 일이다. 마땅히 자신의 힘을 깊이 헤아려서 한 법에 지나치게 집착을 해서는 안 되며, 그렇다고 하여 제멋대로 두서(頭緖)도, 없어서도 안 된다"고 하셨지요.

또 말씀하시기를, "불법을 공부하는 데는 반드시 오로지 자신의 문제를 해결하는데 주력을 해야 한다. 그러면서 자신의 분수와 능력에 따라서 공덕을 지어야 한다.
오직 큰 힘을 가진 사람만이 완전히 내려놓을 수 있고 완전히 들어올릴 수 있지만 중·하근기의 사람들은 아무런 작위(作爲)가 없게 되면 게으르고 나태해지게 되는데, 이렇게 되면 자리(自利)행도 진지하지 않고, 이타(利他)행은 완전히 도외시하게 되어, 양자(楊子)와 같이 온 천하 사람들의 이익을 위해서 터럭 하나도 뽑지 않으려는 폐해에 빠지게 된다. 그러므로 반드시 두 가지를 서로 보완하며 실천해야 한다. 다만 전적으로 자리의 측면에 주력을 해야 한다"고 말씀하셨습니다.

이로부터 염불하는 사람이 온갖 선업을 아울러 닦는 것은 명호의 공덕이 부족해서가 아니라 선을 닦음으로써 몸과 마음의 상태를 적절하게 조절하고 자비심을 기르며 게으름을 방지하고 주수행이 성취할 수 있도록 돕는 것이라는 사실을 알 수 있습니다. 이것이 바로「수선」문의 요지입니다.

요지가 이와 같으니, 그 방법 또한 알 수 있겠지요. 자신의 분수와 능력에 따라 선을 닦되 주된 수행에 지장을 주지 않는 것을 원칙으로 삼아야 합니다.
지명염불이 주가 되고 온갖 선[衆善]이 보조가 되어야 하는데 이 가운데 척도를 정확히 잡아서 절대로 주와 보조가 뒤바뀌고 주객이 전도 되어선 안 됩니다. 그렇지 않고서는 보조수행이 도리어 장애가 되니까요. 이 뜻을 반드시 명심해야 합니다.

　위의 내용을 종합해보면, 계·정·혜로부터 신·원·행, 그리고 주수행과 보조수행, 그리고 지악과 수선까지 단계 단계의 분석과 차례 차례로 요간(料簡: 연구와 분별)을 통하여 오직 정토수행의 경로가 밝고 환하게 드러나, 보고 들은 분들께서 다시는 갈림길에서 헷갈리지 않기를 바랄 뿐입니다.

한 구절 아미타불은,
만병통치약으로서 치료 못하는 병이 없고,
여의주왕으로서 이룰 수 없는 소원이 없으며,
생사고해의 자비로운 배로서
건널 수 없는 괴로움이 없고,
무명장야의 지혜 등불로서
깨트릴 수 없는 어둠이 없다.
염불할 때가 부처님을 친견할 때이고,
왕생을 구할 때가 곧 왕생할 때이며,
과거·현재·미래가 동시여서 따로 앞뒤가 없다.
- 철오선사

제2부.
임종혹문 臨終惑問

- 임종조념과
  장기기증에 관하여

제2부. 임종혹문

머리말

「임종(臨終)」은 불교공부를 하는 수행인에 있어서 대단히 중요한 하나의 관문입니다. 현생에서 곧 생명이 끝나려 할 때, 금생에 이어 계속해서 윤회를 할 것인가, 아니면 해탈을 할 것인가 라는 것은, 항상 이 결정적인 순간에 이르러 결과를 알 수 있습니다.

근래 들어 「장기기증」을 하는 분위기가 사회적으로 상당히 성행하고 있는 가운데, 이를 제창하는 사람들은 항상 "사람이 죽고 나면 아무런 느낌이 없을 텐데, 어찌하여 이 한 몸을 기증하여 대보시를 실천하지 않는가?"라고 호소하면서 대중에게 시신기증 또는 장기기증을 널리 실천하도록 권장하고 있습니다.

이러한 논조 하에, 어떤 사람은 신문에 글을 실어 정토종에서 "사람이 죽은 뒤 8시간 이내에는 함부로 움직이지 말고 오로지 그 사람을 위해 조념염불을 해줘야 한다"는 주장은 보살이 자비심으로 중생을 이롭게 하려는 시대적인 흐름을 크게 역행하는 것이라며 비판하였습니다.

사람이 임종할 때 영혼[神識]이 몸을 떠나가는 과정은 도대체 어떠한가?
그리고 현대의학에서는 뇌사자에 대한 장기 채취를 어떻게 바라보고 어떻게 처리하는가?

　아마도 이러한 갖가지 의혹들에 대해 깊은 연구를 통해 분명하게 밝혀서 알아야만 대중이 선택을 할 수 있을 것입니다.

　그래서 특별히 「임종조념」과 「장기기증」 등의 관련 문제들을 가지고 우근(藕根, 오총룡) 거사님과 인터뷰를 진행하였으니, 경론 속의 성언량(聖言量: 부처님 말씀)을 통하여 임종 조념과 장기기증에 대한 수많은 의혹과 편견들이 사라지길 바라는 바입니다.

■ 임종시에 대한 질문과 대답

1. 몸과 마음의 관계는 어떠한가, 그리고 8식간의 상호관계는 어떠한가?

【대답】 5근(안·이·비·설·신)으로 구성된 이 몸은 제8식의 상분(相分: 인식의 대상)이며, 제8식이 스스로 변화해내고 스스로 반연[自變自緣]하는 대상이다. 「근신(根身: 몸)을 변화해 나타내고 다시 근신을 집수함(執受: 집은 거두어 유지시킴[攝持]이요, 수는 마음으로 하여금 감수 작용을 일으킴[令生覺受])이다.」

세상 사람들에게 있어 일생의 생명은 앞서 지은 업력에 의하여 근신(根身)을 집수하기 때문에 온몸이 전체적으로 따뜻하고(체온이 있음), 모든 신진대사의 기능이 활동을 멈추지 않는다.

그런데 만약 일생의 업연(業緣: 선악의 과보를 받을 원인이 되는 업보의 인연)이 다 되었다면 더 이상 근신을 두루 집수하지 않고 차츰차츰 부분적으로 몸에 대한 집수를 버리게 된다. 이렇게 몸이 점차적으로 식다가 온몸이 완전히 식어버리면, 그땐 이미 식이 몸을 떠난 것이고, 이때를 수명이 다한 「명종(命終)」상태라 부른다.

제7식은 제8식을 의지해 현행을 일으키지만 도리어 제8식의 견분(見分: 인식의 주체)을 진실한 법과 진실한 나[實法實我]라고 여기는데, 시작이 없는 옛적부터 제7식과 제8식은 쇠사슬처럼 서로 얽혀 있으면서 영원히 떨어지지 않는다.

7, 8식을 의지해 현행을 일으키는 제6식은 제7식을 근(根)으로 삼고 있지만 제7식이 나[我]를 집착하는 한, 제6식 역시 아집(我執)으로부터 벗어날 수 없다. 따라서 범부중생이 마음을 일으키고 생각을 움직이는 것은 전부 번뇌가 있는 유루심(有漏心)이 되고 신·구·의 삼업은 모두 유루업(有漏業)이 되고 만다. 그리고 전5식(前五識)은 6, 7, 8식과 5근을 의지해 현행을 하므로 5근이 못쓰게 되면 5식은 더 이상 현행을 일으키지 못한다.

2. 불법에서는 「사망」을 어떻게 정의하는가, 언제가 진정한 「사망」시간인가?

【대답】의학에서 「사망」이란 호흡이 멈춘 상태(숨이 끊어짐), 내지는 심장의 박동이 멈춘 상태를 말한다. 그러나 불법에서는 그렇게 보지 않는다. 불법에서의 「사망」기준은 제8식이 몸을 버리고 떠난 상태, 즉 온몸이 싸늘하게 식었을 때를 말한다. (식이 떠남 → 몸이 식음 → 수명이 다함)

그렇다면 숨이 끊어지고 나서 온몸이 완전히 식을 때까지 시간이 얼마나 걸릴까?
시간은 일정하지가 않다. 왜냐하면 영혼[神識]이 몸을 빠져나가는 시간의 더딤과 빠름은 그 사람이 일생 동안의 행실과 인품, 덕성 등과 직접적인 관계가 있기 때문이다.
지극히 착하거나 지극히 악한 사람의 경우는 빠져나가는 시간이 굉장히 빠르고, 보통사람의 경우는 비교적 느린 편이다. 빠른 자는 굉장히 빨라서 숨이 끊어진 지 얼마 안 되어 온몸이 완전히 식어버리는가 하면, 더딘 사람은 엄청 더뎌서 숨이 끊어진 뒤에도 24시간, 심지어 이틀, 사흘이 지나서야 비로소 싸늘하게 식어버린다.

그러나 대부분 사람들의 경우는 숨이 끊어진 뒤 몇 시간에서 24시간 이내로 몸이 완전히 차갑게 식어버린다. 의학계의 통계에 의하면 숨이 끊어진 뒤에 체온이 한 시간마다 일도씩 떨어진다고 하는데 이 역시 대략적인 얘기일 뿐 사람마다 다 그런 것은 아니다.

불법의 입장에서 말하자면, 전신이 아직 완전히 식지 않았다면 제8식은 아직 몸을 떠나지 않았음을 의미한다. 그렇다면 아직은 「명종」이 아닌 「임종」단계에 속하는 것이다.

정토법문은 무쇠를 황금으로 바꾸는 법문입니다. 설사 우리가 여기서 몹시 어리석고 심지어 몇 글자를 모른다 하더라도 왕생을 하고 나면 불성이 바로 현전하여 한량없는 자비 · 지혜 · 원력 · 변재 백천다라니 · 삼명육통을 전부 구족하게 되므로 당신이 현재 무엇을 배우고 얼마를 쌓고가 필요치 않습니다.
― 정토석의淨土釋疑

3. 「임종」단계에서 8식의 작용은 어떠한가?

【대답】 우리들 일생의 생명과보가 곧 끝나려고 할 때에는 먼저 숨이 끊어지게 되고, 그 다음에 제8식이 더 이상 이 몸을 두루 집수(執受)하지 않게 되므로 「부분적으로 버리게 되니, 버리는 부위에 따라 차가운 촉감이 생겨난다. (故分分捨 隨所捨處 冷觸便生)《유가사지론》」

어떤 사람의 경우는 몸의 윗부분부터 식기 시작하고, 어떤 경우는 아랫부분부터 식기 시작하여 계속해서 맨 마지막부분까지 식었을 때에, 제8식이 비로소 몸을 완전히 떠나게 되고 비로소 더 이상 이 몸을 집수하지 않게 되지만, 그 이전에는 제8식이 국부적인 근신에 대하여 여전히 집수작용을 하고 있다.

그리고 제8식이 아직 남아 있다면 제7식도 당연히 남아 있을 것이다. 7, 8식이 아직 존재한다면 제6식도 여전히 작용을 할 가능성이 있는데, 제6식이 현행을 일으킬 때 의지해야 할 인연이 매우 적어서 가장 쉽게 일어날 수 있기 때문이다.

지극히 심한 졸도[極重悶絶]와 지극히 깊은 수면[極重睡眠], 그리고 무상정(無想定: 색계의 四禪天)을 제외하고 제6식은 항상 끊임없이 작용을 하고 있으며, 일반적인 수면 중에도 몽중의식(夢中意識)은 여전히 현행을 일으킨다.

「임종」단계에서 보통사람들의 의식은 혼미하고 흐릿한 상태에 빠지게 되는 것이(특히 숨이 끊어진 뒤) 지극히 심한 졸도

[極重悶絶]와 지극히 깊은 수면[極重睡眠] 상태와 유사한 것 같지만 의식이 전혀 없는 것은 아니고, 또한 제6식과 상응하는 모든 심소(心所: 마음의 부수작용)들이 전부 작용하지 않는 것도 아니다.

예컨대, 아견(我見)심소와 자체애(自體愛: 자신의 몸뚱이를 애착하는 마음)는 반드시 제6식과 상응하여 끊임없이 일어날 것이다. 이외에도 그 사람에게 지극히 굳건한 「소원」이 남아있다면, 이 단계에서도 그 소원은 여전히 끊어지지 않고 남아있다. (어떤 사람들은 이때가 되면 6식의 작용이 전부 멈춰 있을 것이라 생각하는데 이것은 잘못된 견해다.)

그리고 신식(身識)에 관하여, 제8식이 집수작용을 부분적으로 버리기 때문에 버려지는 부위마다 차가운 촉감이 생겨나고, 신근(身根)이 따라서 파괴되므로 신식(身識)도 당연히 현행을 못하게 된다. 그러나 다른 곳(아직 체온이 남아 있는 부위)에 아직 체온이 남아있고 신근이 파괴되지 않았다면 신식(身識)은 여전히 작용을 일으킬 수 있다. 다시 말해, 아직 통증을 느낄 수 있다는 것이다. (어떤 사람은 이때가 되면 아무런 통증이 없을 것이라 하는데 이것은 잘못된 견해다.)

따라서 신체에서 일부 부분적으로나마 아직 체온이 남아있다면 전6식(前六識)의 작용이 완전히 멈춰서 전혀 지각(知覺)이 없다고 말할 이유는 없다.
실제 사례를 보더라도 어떤 사람은 숨이 끊어진 지 몇 시간 뒤에 먼 곳에 사는 친족이 도착하자 코에서 피가 나오거나 눈물을 흘리는 등의 경우가 있었고, 어떤 사람은 법문을 듣고 나서 감동하여 눈물을 흘리는 경우도 종종 볼 수 있었다.

최근에 〈중국시보(中國時報)〉의 중부신문에서는 풍원(豊原)의 재해 지역에서 일어난 실제 사건기사 하나를 보도하였다.

아재(阿財)와 아방(阿芳)은 1999년 9월 14일 날에 혼인을 하기로 서로 약속했으나 7일 뒤인 9월 21일, 대지진을 만나 풍원시 남양로에서 살던 소방이 그만 변을 당하고 말았다. 소재는 영안실에서 마지막 만남을 하며 소방에게 말했다. "내가 널 보러 왔어!" 갑자기 소방의 코에서 피가 흘러나왔다. 흐르는 눈물을 참을 수 없었던 아재에게 소방의 어머니가 옆에서 위로를 해주셨다. 아재는 소방의 귓전에다, "꼭 너와 결혼할거야. 그리고 널 대신해서 어머님을 잘 모실께"라는 말만 반복하였다. 이때에 다시 한 번 피물이 흘러나왔다. 아재는 소방이 들었음을 알았다.

이와 같은 유사한 실례는 너무 많아서 일일이 다 들 수가 없다.

4. 「임종」시에 영접하러 오신 부처님을 뵙고, 「명종」할 때 극락왕생을 한다는 것은 무슨 이치인가?

【대답】 중생의 수명이 다하려 하고 식이 몸을 떠나려는 순간의 마음상태를 「난심위(亂心位)」라고 부른다. 이때에 6식은 작용하지 않고(6식의 작용이 진정으로 완전히 멈춘 상태가 바로 이때다), 오직 7, 8식만 남게 되는데, 평소에 지휘하고 주인노릇을 하던 제6식이 현행을 하지 않는 이상, 8식의 밭 속에 있던 업종자(業種子)들이 분분히 일어나려는 것이 마치 한 나라에 진정한 왕이 없으면 난신적자(亂臣賊子)들이 전부 들고 일어나는 것과 같기 때문에 「난심위」라 부르는 것이다. (제8식에 저장된 업종자가 분분하게 일어나려고 하는 입장에서는 「난심위」라 부르고, 전6식이 전혀 작용을 하지 않는 측면에서는 「민절무심위」라 부른다. 그리고 이 시간은 긴 경우도 있고 짧은 경우도 있는데, 업장이 두터우면 길고 업장이 가벼우면 짧다.)

이때는 대체로 가장 강력한 힘을 지닌 업종자(인연이 무르익음)가 먼저 현행을 한다. 그리고 이 업종자가 어느 도(道)와 상응하는가에 따라서 제8식 가운에 그 도의 과보무기종자(果報無記種子)의 현행을 감응하여 그 도의 중음신을 형성하게 된다.

이 중음신이 형성된 후에 인연 있는 부모의 정자와 난자가 결합하는 순간을 기다렸다가 모태에 들어가게 되는데, 이것을 「이제를 끌어당긴다[攬二渧]」라고 부른다.(태생의 경우만 해당함)

제2부. 임종혹문

　따라서 삶과 죽음 사이의 관건은 「난심위」에 있는 것으로서 만약에 이 순간에 업종자가 일어나지 않고 부처의 종자[佛種子]가 현행을 하도록 할 수 있다면 무시겁 이래의 생사윤회는 이 것으로 끝나게 될 것이다. 하지만 일반 중생들과 수행자들이 견사혹업(見思惑業)을 말끔히 다 끊지 못했다면 「난심위」에서 반드시 업종자가 현행을 하게 되는데, 이 순간 제6의식이 현행을 하지 않는 한 자신의 뜻대로 전혀 결정할 수 없기 때문이다.

　오직 정토행자만이 설사 혹업(惑業)을 끊지 못했을지라도 「임종」시에 여전히 믿음과 발원이 있어 정토왕생을 원한다면, 아미타불의 크신 서원과 감응을 이루게 되어 아미타불과 여러 성중들이 제때에 나타나 접인을 하며 위로와 인도를 해주실 것이다.

　이때에 이 중생은 「난심위」에서 어지럽지 않고(즉 「난심위」를 거치지 않음), 「명종」하여 식이 몸을 떠날 때에 업종자가 일어나지 않고 부처의 종자가 현행을 하면 곧 극락세계에 왕생하게 된다. 따라서 「임종」단계에서 믿음과 발원을 갖춘 정념[信願正念]을 유지할 수 있는지는 부처님을 뵙고 왕생할 수 있을지를 결정하는 중요한 관건이다.(자세한 내용은 《정토도언》을 참고 바람)

5. 「임종」조념의 요령은 무엇인가, 신체를 옮기거나 장기를 채취해도 되는가?

【대답】 한 사람이 「임종」단계에 이르면 여덟 가지 괴로움으로 들끓고, 두려움으로 허둥거리게 된다. 또한 혼미하고 미혹하고 전도되어 업식이 망망한 상태다. 이 순간이 되면 정념을 잃어 버리기는 쉽고 유지하기는 어렵다. 따라서 그 사람이 정념을 유지할 수 있도록 돕기 위해서는 반드시 지혜롭게 위로하고 이끌어줘야 하며 신중을 기울여 보살피고 정성을 다해 간절한 마음으로 조념을 해야 한다.

절대로 옷을 갈아입힌다거나 자리를 옮기는 등의 행동을 해서는 안 된다. 이때에 7, 8식이 아직 몸을 떠나지 않았고, 제6식과 신식(身識) 역시 현행을 하므로 여전히 지각작용이 남아 있다. 한 번 번거롭게 움직이면 그 고통을 참기가 어려워 염불은 고사하고 오직 아픈 것만 생각하게 될 것이다. 게다가 아프면 화내는 마음이 일어나기가 쉬워서 악도에 떨어질 확률이 높은데, 그렇다면 견불왕생(見佛往生)은 논할 여지가 없다. 이와 같은 수많은 사례들이 옛 경론과 전적 속에 실려 있으니 신중하지 않으면 안 될 것이다.

그런데 만일 장기를 채취하게 되면 통증을 참기가 더욱 어렵기 때문에 상당한 경지의 「인력[忍力, 삼매력]」을 성취하신 대보살이 아니라면 함부로 장기를 채취해서는 안 된다. 반드시 다시 한 번 환기시킬 것은, 많은 사람들이 「임종」이란 단지 숨이 끊어지기 전 단계 일뿐이고, 숨이 끊어진 뒤에는 「명종」단계여서 식이 떠난 상태이므로 마음대로 시신을 옮기거나 장기를 채취해도 괜찮을 것이라 쉽게 생각하는데, 이것은 대단히 잘못된 견해다.

앞에서 언급했듯이, 숨이 끊어진 뒤에 몇 시간 내지 24시간이 지나야 비로소 식이 몸을 떠나는 경우가 상당히 많다. 따라서 조념 시간으로는 숨이 끊어진 뒤 24시간 동안 지속하는 것이 가장 바람직하고 온당하다. 상황이 여의치 않다면 최소한 8시간이 지나서 소염(小殮: 12시간에서 24시간이면 가장 좋음)을 하고, 24시간이 지난 뒤에 대염(大殮, 입관 또는 냉동실 보관)을 하며, 화장은 반드시 7일이 지난 뒤에 진행해야 한다.

실제 조념 경험에 의하면 숨이 끊어지는 순간에 부처님의 영접을 받은 연우가 있는가 하면 숨이 끊어진 뒤 6시간 내지 12시간이 지나서야 부처님의 영접을 받은 경우도 있고, 24시간 이상도 종종 볼 수 있다는 것이다. 몇 가지 사례는 숨이 끊어진 뒤 24시간쯤 되었을 때에 따뜻한 기운이 정수리에 모이면서 흰색 기체를 발산하는 경우도 있고, 또는 친우들의 눈에 그 사람이 연화대에 올라서 서방삼성(西方三聖)을 따라 가는 모습이 보이는 등 왕생의 상서로운 모습[瑞相]이 아주 현저하다.

여기서 숨이 끊어진 뒤 24시간 내에는 전부 「임종」단계임을 알 수 있으니, 반드시 마음을 모아 조념하고 보살펴줘야 할 것이다.

그리고 또 반드시 설명을 해야 할 것은, 현대의학에서 장기를 채취하는 시기는 대부분 뜻밖의 사고(교통사고 등)를 당해서 뇌에 손상을 입었을 때에 의사로부터 「뇌사」판정을 받고 곧바로 장기를 채취하는 수술을 받게 되는데, 이때에 심장박동과 호흡은 아직 멈추지 않은 상태다.

　불법의 입장에서 말하자면 심장박동과 호흡이 멈춘 상태라 할지라도 「명종」이라 할 수 없는데, 하물며 「뇌사」상태를 어떻게 「명종」이라고 말할 수 있겠는가?

왕생이란 반드시 임종 때가 되어서 결정되는 게 아니다. 평소에 전수염불하며 진심으로 왕생을 발원하는 사람의 왕생은 평소에 이미 결정되었기 때문에, 임종할 때 비록 염불을 못했어도 반드시 왕생한다.
- 정종법사

6. 정토행자들의 관점에서 「장기기증」에 대한 입장은 무엇이며, 언제 기증하는 것이 가장 적합하다고 생각하는가?

【대답】 불교를 배우려면 수증도경(修證途徑: 수행의 순서와 경로)을 분명하게 연구해야 하고, 대승의 보살행을 닦으려면 진정한 대승의 보살도를 제대로 이해해야 한다. 만약에 이치를 잘 모르고 맹목적으로 앞으로 그냥 나아간다면 열에 다섯 쌍은 잘못 될 것이다.

대승의 수행자를 말하자면, 비록 처음부터 대보리심을 발하여 모든 중생을 제도하고자 하는 서원을 세우지만 발원은 얼마든지 높고 원대[高遠]하고 넓고 크게[廣大] 하더라도 실행에 있어서는 여전히 차제에 따라 차근차근 나아가야 한다.

이른바 "자신을 제도한 뒤에 비로소 남을 제도할 수 있고, 자신도 구제하지 못하면서 남을 구제한다는 것은 전혀 이치에 맞지 않다"는 것이다.
예컨대, 물에 빠진 사람을 발견했을 때 자신도 수영을 할 줄 모르면서 무작정 물에 뛰어들어 사람을 구하려 한다면 함께 빠지는 결과만 있을 뿐이다.

따라서 보살은 큰 마음(보리심)을 일으키고 나서 먼저 개인수행에 몰두해야 하며, 견사번뇌를 끊어서(최소한 견번뇌를 끊어야 함) 다시는 삼계의 고해(苦海) 속에 침몰하지 않을 때까지 이해와 실천을 함께 병행하여 나아가고[解行幷進], 계율과 교법에 모두 급하며[戒乘俱急: 계를 엄중히 가지며 부처님의 교법

듣기를 좋아함] 지와 관을 동시에 닦고[止觀雙修] 선정과 지혜를 균등히 해야 한다[定慧均等]. 이때서야 비로소 물에 빠진 중생을 건지겠다는 말을 할 수 있을 것이다.

정토행자가 정토왕생을 하려는 것은 빨리 견사번뇌를 끊고 신속히 무생법인을 성취하여 신통과 도력을 갖춘 다음에 다시 원력의 배를 타고 와서 널리 중생구제를 하고 모든 중생들에게 자비의 배가 되기 위함이다.

따라서 「임종」의 정념은 부처님을 뵙고 왕생을 결정짓는 대단히 중요한 순간이므로 정토행자는 있는 힘을 다하여 정념을 보호하고 유지하며 지혜롭게 위로하고 인도해야 한다.

그래서 정토행자들은 이 중요한 순간에 장기를 채취하고 심신을 번거롭게 움직이는 것을 주장하지 않는다는 것이다.

만약 자비심이 넘쳐서 간절히 장기기증을 원하는 사람에게 장기기증을 하고자 한다면, 마땅히 신체가 건강하고 정신력이 강할 때 수술을 받아야 할 것이다.(예컨대 두 신장 중에 하나를 기증함) 이것이 요즘 말하는 「생체기증」이다.

그리고 과학이 발전한 요즘에는 「인조장기」를 사용하는 추세로 나아가는 듯한데, 만약에 순조롭게 진전이 된다면 인체장기의 부족에 따른 문제들도 해결될 것이다.

죽음에 이르러
고통에 핍박받고 원혼이 나타나니
어떤 법으로 구제할 수 있는가?
오직 부처님께 의지하여 염불할 뿐이네.
부처님께서 광명을 비춰 보호하시니
몸과 마음이 안온하고
나와 남이 모두 제도되는구나.
염불을 몰랐다면 지옥에 떨어졌으리.
삼악도를 전전하며
어느 때나 구제될 수 있을 것인가?
염불공덕 불가사의하니,
모두 아미타불의 대비 원력이네.
-『염불감응견문기』저자 혜정스님 게송

7. 근래에 「임종」시에 장기기증을 주장하지 않는 정토종에 대하여 많은 사람들이 비난을 하고 있는데 어떻게 보시는가?

【대답】 요즘 사람들은 어떠한 깨달음과 증득도 없을 뿐만 아니라 교리조차 제대로 알지 못한다. 게다가 임종자들을 위한 조념과 위로, 지도에 대한 실무경험도 부족하다. 그럼에도 불구하고 삿된 견해는 깊고도 견고하고, 아만의 산은 하늘같이 높아서 늘 혼자 똑똑한 척하면서 함부로 주장을 내세워 정토종의 고덕들이 정토의 교법을 널리 전하려는 법도를 무시하고 있다.

정토종의 조사들은 교리에 밝을 뿐만 아니라 깨달음이 심원하고, 실제로 조념과 위로, 지도에 직접 참여하여 경험이 풍부하고 견문이 넓으므로 정토종의 이(理)와 사(事)에 대하여 주도면밀하게 철저히 연구하셨다는 사실을 그들은 모르고 있다.

천백년이래 대대로 전승되고 홍양(弘揚)되어 완비된 정토종의 체계가 형성되었다. 이 점은 절대 요즘의 범부들이 함부로 헤아리고 의논할 수 있는 것이 아니다.

속담에 "업종이 다르면 산이 가로막혀 있는 것과 같다[隔行如隔山]"는 말이 있다. 그런데 하물며 아직 입행(入行: 취직함)조차 못하고 행문(行門) 밖에서 배회하는 사람이겠는가! 따라서 우리는 진실로 신중히 생각하고 명확히 판단하여 법을 택할 수 있는 안목을 갖춰야 할 것이다.

정토종 고덕들의 은혜로운 덕택[恩澤]이 이처럼 망극할진데,

제2부. 임종혹문

　만약 역대 조사대덕들이 힘써 닦고 홍포하지 않았다면 오늘날 우리가 어떻게 정토의 바른 길을 알고 수승한 이익을 얻을 수 있겠는가!

　그래서 매번 불칠법회를 마치고 나면 항상 일심으로 시방제불과 역대 조사스님들께 정례를 하는 것에는 참으로 깊은 뜻이 담겨 있는 것이다. 하지만 오직 진정으로 이익을 얻은 자만이 비로소 진심으로 그 은혜에 감사할 수 있다. 고덕의 말씀에, "무간지옥의 업을 짓지 않으려면 여래의 바른 법륜을 비방하지 말라"라는 말씀이 있다.

　석가여래 일대기의 성스러운 가르침 중에 정토법문의 유통을 극력 권장하고 찬탄하셨으니, 참으로 "수많은 경론의 도처에서 (정토로) 돌아갈 것을 가리키고, 앞선 성현들이 저마다 (정토를) 향하여 나아가는구나."

　받들어 권하건대, 요즘 사람들은 자신이 정토와의 인연이 무르익지 않아서 정토왕생을 원치 않으면 그만이지만 절대 멋대로 비방하고 헐뜯거나, 전문가를 사칭하여 함부로 법도를 바꿔서는 안 된다. 만약 이를 듣지 않고 중생의 혜명(慧命)을 해친다면 그 죄보는 끝이 없을 것이다. 그러나 "고민을 안 해본 사람에게 고민을 말하지 말라. 고민을 말해본들 어찌 알랴!"라는 말이 있으니, 모든 사람들이 "고민을 알기[知愁]"를 간절히 바라는 바이다.

빈궁한 자가 염불하면 귀인의 도움을 받아 의식衣食에 부족함이 없게 되고,
환자가 염불하면 의약을 보조할 수 있어 하루빨리 건강을 회복하게 된다.
인과병·업장병에 걸렸다면 의약은 전혀 효과가 없으니 오직 염불뿐이다.
염불하면 업장이 소멸되고, 업장이 소멸되면 병이 낫게 되며,
염불하면 귀신이 물러나고 귀신이 물러나면 재난을 면할 수 있다.
더군다나 염불은 원귀를 화해시키고 원친을 제도할 수 있다.
- 염불감응록

제3부.
불법도론
佛法導論

저술: 이원정
번역: 석정전, 목아

인광대사의 서문

정토법문은 상근(上根), 중근(中根), 하근(下根) 등 세 가지 근기의 중생에 두루 가피[三根普被]를 주니, 재가불자의 경우 더욱 더 요긴하다.

그 이유는 재가불자들은 각자 직업을 가지고 있어 종(宗: 선종)과 교(教: 교종)의 법문을 자세히 연구하기란 쉽지 않으며, 오직 이 염불법문만이 가장 이치에 부합하고 근기에 계합[契理契機]하기 때문이다.

착실한 사람이 오로지 염불만 하면 업이 다하고 집착이 비었을 때[業盡情空] 부모에게서 태어나기 전의 본래 면목과 여래장의 묘한 진여성[如來藏妙眞如性]의 본체가 전부 드러나며, 임종시에 반드시 상품(上品)에 오를 수 있다.

혹시라도 근기가 누열(陋劣)하여 업이 다하고 감정이 텅 비지는 못하였을지라도 진실한 믿음과 간절한 원력으로 부처님의 명호를 지송하고 서방정토를 구하는 정성은 반드시 부처님과 감응의 길이 트여[感應道交] 접인(接引)을 받아 업장을 짊어지고 왕생을 할 것이다.

이러한 뜻을 모르고 설사 참선을 하여 그 정수(精髓)를 얻고 부처님의 가르침을 간파하여 마음을 밝힌다 할지라도 만약에 터럭 끝만큼이라도 미혹의 업[惑業]이 남아 있다면 여전히 생사윤회를 벗어날 수 없다.

어설프게 자신만을 믿고 참선만을 하다가는 오히려 염불하여 서방정토에 업장을 짊어지고[帶業], 왕생한 어리석은 남정네나 아낙들로부터 동정을 받게 된다.

아아! 진실한 이익은 대부분 지극히 평범하고 어리석은 사람들이 얻을 뿐, 크게 총명한 사람들은 도리어 그들의 뒷모습조차 바라볼 수 없는 것은 자신의 총명을 지나치게 믿었기 때문이다. 비록 부처님의 힘이 있기는 하나 기대려하지 않고, 기나긴 세월에 윤회를 거듭하며 벗어날 기약이 없으니, 어찌 슬프지 아니한가?

옛부터 고승대덕[古德]이 부처님의 자비심을 바탕으로 정토를 제창(提倡)하여 지은 저술이 헤아릴 수 없을 만큼 많으나, 거의 대부분 어려운 고문체로 되어 있어서 일반인들에게 이익을 주지 못하고 있는 실정이다.

이에 이원정(李圓淨) 거사님이 정토오경(淨土五經)을 토대로 고덕(古德)이 저술하신 뜻을 이해하기 쉬운 백화문(현대중국어)으로 바꾸어 정토종[淨宗]의 종지를 밝히고 있다.

비록 10가지 항목으로 분류하여 서술하고 글자는 만 자 가까이 되지만, 한 글자 한 뜻도 모두 불경(佛經)과 조사님들의 말씀을 근거로 하였으며, 절대로 함부로 자신의 의견을 내세워 스스로 뽐내어 사람들을 잘못된 길로 인도하여 법을 무너지게 하는 허물이 없게 하였다.

불학서점에서 초심자들에게 도움이 된다면서 특별히 총서(叢書) 가운데 끼워 널리 유포(流布)되기를 기대하는 바이다. 또한 나에게 서문을 써 달라며 바른 믿음을 열고자 한다. 그 외 중요한 뜻은 글 속에 다 들어 있으니, 더 이상 군더더기 설명은 필요 없을 것이다.

모름지기 정토법문은 일체 법문이 궁극적으로 되돌아가게 될 법의 바다임을 반드시 알아야 한다. 만약 이렇게 믿는 자가 있다면 그 사람은 금생에 틀림없이 높이 구품연대에 올라 바야흐로 반드시 삼각(三覺: 始覺, 本覺, 究竟覺)이 원만해질 것이다.

혹 이 말에 허물이 있다고 하는 사람이 있다면, 이 허물을 내가 감당할 것이 아니라 본사 석가모니불과 아미타불께서 감당해야 할 것이라 하겠다. 이것으로 서문을 대신한다.

1931년 신미년 음력 6월 19일
항상 부끄러운 중 釋印光 지음

1. 정토종의 역사 [宗史]

중국의 여러 종파 가운데 가장 많은 사람들이 믿고 가장 보편적으로 유전(流傳)되어 그 세력이 가장 넓고 깊은 것은 다름 아닌 바로 정토종이다.

정토종에서는 전적으로 사람들에게 극락세계 청정한 불국토에 왕생하기를 발원할 것만을 가르치고 있다. 이 때문에 정토종(淨土宗)이라 이름 하였다.

이는 모든 대승경전에서 공통으로 찬탄하고 있으며, 그 중 《정토삼부경》에서는 전적으로 정토종의 이치를 밝히고 있다. 《반주삼매경(般舟三昧經)》, 《비화경(悲華經)》, 《보적경(寶積經)》 등 경전의 가르침은 더욱 간절한데, 이것이 곧 정토종의 기원이다.

마명(馬鳴) 보살이 《대승기신론》에서 정토왕생을 권장하였고, 용수(龍樹) 보살은 《십이정례(十二頂禮)》와 《이행품(易行品)》 등을 지었으며, 천친(天親) 보살은 《왕생론》을 저술하였는데, 이들은 모두 정토가 널리 전해지게 된 원류(源流)이다.

불법이 중국으로 전해들어온 이후부터 정토종의 유포(流布)가 없지는 않았지만, 이 종을 널리 펴고 실제로 수행한 사람은 마

제3부. 불법도론

땅히 동진(東晉)의 혜원 대사를 첫 번째 인물로 뽑아야 할 것이다.

원공(遠公)이 여산에서 연사(蓮社)를 창립하고부터 한때 모여든 사람들은 대부분 법문의 용상(龍象)과 유교의 태두(泰斗: 제일인자, 우두머리)들이었다. 이처럼 한 사람이 제창하자 일시에 많은 사람들이 호응하여 따르지 않은 이가 없었다.

그 뒤로 담란(曇鸞), 지자(智者), 도작(道綽), 선도(善導), 청량(淸凉), 영명(永明) 등 여러 대덕께서도 스스로 이 법을 닦으시면서 중생들을 교화하셨다.

이들 이외에도 정토법문을 지극히 찬탄하신 분으로는 장로(長蘆), 천의(天衣), 원조(圓照), 대통(大通), 중봉(中峰), 천여(天如), 초석(楚石), 공곡(空谷) 등 여러 대조사가 계셨으며, 이분들은 비록 선종을 널리 폈으나 아울러 정토도 두루 찬탄하셨다.

명나라 연지 대사에 이르러 소암(笑岩)을 참방(參訪)하여 크게 깨닫고 나서 곧 참선을 버리고 정토를 닦으셨는데, 왜냐하면 정업(淨業)이 완성되면 선종은 저절로 얻어지기 때문이다. 그 뒤로 우익(藕益), 절류(截流), 성암(省庵), 몽동(夢東) 등 여러 대사님들 또한 이와 같았다.

【선종과 정종을 대략적으로 살펴보면, 선종은 오직 향상(向上)만을 제시하기 때문에 한 법도 세우지 않는다. 따라서 부처조차 설 자리가 없거늘 하물며 염불로 정토왕생을 구하겠는가? 이것은 진제(眞諦)로서 하나를 없애면 일체가 없어지는 것인데,

이른바 실제 진리의 자리[實際理地]에는 한 티끌도 받지 않는 것이 성품의 본체[性體]를 드러내는 것이다.

그러나 만약 수행을 확실히 논하자면 한 법도 폐지할 수 없다. 일을 하지 않으면 밥도 먹지 않는데, 하물며 염불로 정토왕생을 구하는 것을 폐지하겠는가? 이것은 속제(俗諦)의 하나를 세우면 모든 법이 다 서는, 이른바 불법 문중에서 한 법도 버리지 않는다는 것은 성품 속에 갖춰진 것을[性具]을 드러내는 것이다.

따라서 만약 반드시 속제를 버리고 진제를 닦아야 한다면, 이는 이미 진제가 아니다. 마치 사대(四大)와 오온(五蘊)을 버리고 심성(心性)을 말하는 것과 같아 이미 몸조차 존재하지 않는데, 마음 또한 어디에 기탁하겠는가?

속제에 나아가[卽] 진제를 닦는 것이 진정한 진제이다. 마치 눈을 통해 보는 것을 견(見)이라 하고, 귀를 통해 듣는 것을 문(聞)이라 하는 것처럼 사대와 오온을 통하여 심성이 드러나는 것이 곧 옛부터 선종의 여러 조사들이 은밀히 정토를 닦는 요지(要旨)이다.]

우리는《화엄경》이 모든 경전 중에서 으뜸임을 잘 알고 있는데,《화엄경》에 보면, 보현보살이 열 가지 큰 원을 세워 극락으로 인도하셨다. 따라서 정토종은 마땅히 보현보살을 초조(初祖)로 삼아야 할 것이다.

당시 혜원 대사는 종을 열고 파를 세울[開宗立派] 뜻이 결코 없었으며, 다만 발원을 같이 할 것을 기대했을 뿐 전승(傳承: 법을 전하고 계승함)을 취하지 않았다. 천백 년 이래 비록 정토종의 유포가 날로 널리 퍼졌지만, 오히려 스승이 전수하고 제자가 법맥을 잇는 계통은 없었다.

송나라 때 사명 효(曉) 법사에 이르러서야 비로소 역대 정업을 닦은 분들 가운데서 그 공덕이 가장 크고 높은 대사님들을 골라 7조로 모셨다. 즉 혜원(慧遠), 선도(善導), 승원(承遠), 법조(法照), 소강(少康), 연수(延壽), 성상(省常) 등 일곱 분이시다.

후에 지경(志磬) 스님이 이 설을 따라 《정토입교지(淨土立教志)》를 지었다. 나중에 운서(雲棲)의 제자가 연지대사를 8조로 모셨으며, 후인이 또 다시 우익(藕益), 성암(省庵), 철오(徹悟) 등을 9조, 10조, 11조로 삼으니, 합하여 연종(蓮宗: 정토종)의 11조가 되었다.

이는 단지 선인들의 덕을 경모하여서일 뿐 다른 종교가(宗教家)들의 스승과 제자간의 전승과는 다르다. 그 이유는 정토법문은 세 가지 근기에 두루 가피를 주고 모든 법을 통섭하므로, 일체 법문이 이 법계로부터 흘러나오지 않은 것이 없고, 또 이 법계로 귀결되지 않은 것이 없는 까닭에 따로 계통을 세울 필요가 없기 때문이다.

2. 정토법문을 찬양함 [讚揚]

앞 문장에서 서술한 정토종의 약사(略史)를 통해 이 정토법문은 석가세존(釋迦世尊)과 미타도사(彌陀導師)가 공통으로 건립하셨고, 문수보살과 보현보살이 권장하셨으며, 마명과 용수가 널리 찬양하고, 광려(匡廬)·천태(天台)·청량(淸凉)·영명(永明)·연지(蓮池)·우익(藕益)이 제창하고 발휘하였음을 알 수 있다.

여러 보살과 대사님들께서 천백 년 전에 일찍이 우리를 위하여 경전의 가르침을 두루 연구하고 나서 특별히 이 혹업(惑業)을 끊지 않고 보처[一生補處]의 지위에 오르며, 금생에 생사의 울타리에서 벗어날 수 있는 지극히 원만[圓]하고, 지극히 급작[頓]스러우며, 지극히 간편하고, 지극히 용이하면서도 얕으면서 깊고, 방편이면서 진실하여 선(禪)·교(敎)·율(律)을 통섭하고, 또 선·교·율을 초월한 수승하고 오묘한 법을 골라주셨다.

우리는 부처님의 일대기 가르침 가운데 이 특별한 법문에 대해 적어도 두 가지 점에 대해 분명하게 알아야 한다.

첫째, 대승법문은 본래 법마다 모두 원만하고 오묘하나, 중생들의 근기에는 무르익고 설익음이 있고, 인연에는 깊고 얕음이 있기 때문에 작은 법은 큰 근기의 중생이 닦을 필요가 없고, 큰 법은 작은 근기의 중생이 닦을 수 없다.

그 가운데 오직 정토법문만이 세 가지 근기에 두루 가피를 주고, 뛰어나고 둔한 근기를 전부 거두어들인다.

《화엄경》은 여래가 최초로 정각(正覺)을 이루고 나서 41위(位)의 법신대사(法身大士: 법신을 증득한 보살의 통칭)에게 당신이 증득하신 성품을 있는 그대로 설하신 일승(一乘)의 오묘한 법이다.
어느 누가《화엄경》이 모든 경전의 왕임을 모르겠는가?
이 경전의 마지막 부분에 보면, 선재(善財) 동자가 여러 선지식을 두루 참방하여 부처님들과 똑같이 증득한 후에 보현보살이 그에게 열 가지 큰 원을 설해 주면서, 선재동자와 화장해회(華藏海會)의 대중들로 하여금 서방 극락세계에 회향 왕생하여 부처의 과위(果位)를 원만하게 성취하도록 두루 권장하고 있다.

그리고 《관무량수경》의 하품하생을 설명하고 있는 내용을 보면, 비록 온갖 죄업을 갖추고 있더라도 숙세에 선근을 심어놓은 사람의 경우에는 임종할 때 지옥의 모습이 눈앞에 나타나더라도 선지식을 만나 염불 가르침을 받고 곧바로 그 가르침대로 부처님의 명호를 지송하면, 열 번을 다 염송하기 전에 곧 부처님의 화신(化身)이 나타나 친히 손을 내밀어 영접을 받아 극락왕생한다고 하셨다.

또 《대집경(大集經)》에서는, 『말법시대에는 수없이 많은 사람들[億億人]이 수행을 하더라도 한 사람도 도를 얻기 어려우니, 오직 염불을 의지해야만 생사윤회를 벗어날 수 있다.』고 하셨다.
이러한 경전들의 가르침을 종합해 보면, 염불법문이 참으로 위로는 등각보살(等覺菩薩)도 그 밖을 벗어날 수 없으며, 아래로는 오역(五逆)과 십악(十惡)을 지은 중생들이라도 그 가운데 참여할 수 있음을 알 수 있다. 그러니 어찌 최상의 성인으로부터 최하의 범부에 이르기까지 다 함께 수행하는 큰 도이며, 어리석은 자나 지혜로운 자에게 두루 통하는 법문이 아니라 할 수 있겠는가?

만약에 여래께서 이 법을 열어주지 않으셨다면, 말법의 중생들에게 어찌 생사해탈의 희망이 있겠는가?

사람들은 단지 어리석은 남정네와 아낙들도 염불을 하는 것을 보고 정토를 가볍게 여길 뿐, 어찌하여 화엄회상에 화엄성중이신 41위의 법신대사(法身大士)님들을 보지 못하는가? 그분들은 전부 다 무명을 깨뜨리고 법성을 증득하신 분들로서 모두 본원의 수레를 타고 부처가 없는 세계에서 부처님의 몸을 나투어 중생을 교화할 수 있는 분들이시다. 어디에서 단 한명의 범부와 이승(二乘: 성문과 연각)을 찾아볼 수 있단 말인가?

하물며, 화장의 바다[華藏海]에는 정토가 무수히 많은데도 반드시 서방의 극락세계로 회향왕생(回向往生)하는 것을 볼 때, 극락왕생이 확실히 고통을 벗어나는 현묘한 문이며, 부처가 되는 지름길임을 알 수 있다.

둘째, 일체 법문은 모두 자신의 힘에 의지하여 미혹을 끊고 진리를 증득[斷惑證眞]해야만 생사를 해결할 수 있다. 오직 이 염불 법문만이 자력과 타력이 둘 다 갖추어져 있어 이미 미혹을 끊은 이는 금방 법신을 증득할 수 있고, 설사 아직 미혹을 끊지 못한 자라도 업장을 짊어지고 왕생할 수 있다.

이 법은 극히 평범하여 비록 어리석은 사람일지라도 큰 이익을 얻을 수 있다. 그렇지만 또 극히 심오하고 미묘하여 등각보살도 그 범위를 벗어날 수 없다. 그런 까닭에 누구라도 이 법을 닦을 수 있고, 또한 이 법을 닦지 못할 사람은 없다.
　참으로 손대기가 쉬우면서 성공률이 높으며, 적은 힘으로 가장 빠른 효과를 얻을 수 있다.

3. 수행법문의 결택抉擇

　선도화상께서 말씀하시기를, "만약 이해를 배우고자[學解] 한다면 범부의 경지로부터 부처의 경지에 이르기까지 모든 법을 마땅히 다 배워야 하고, 만약 수행을 배우고자[學行] 한다면, 마땅히 진리에 부합하고 근기에 적합한 법문 하나를 골라 오로지 정밀하게 혼신의 힘을 다해야만 비로소 속히 진실한 이익을 얻을 수 있다. 만약 그렇지 않으면 한량없는 세월이 지나도록 생사윤회에서 벗어나기 어렵다"고 하셨다.

　여기서 진리에 부합하고 근기에 적합한 법문이란 당연히 정토왕생을 구하는 것으로, 이보다 수승한 법문이 없다. 모름지기 수행에는 두 가지 문이 있음을 반드시 알아야 한다.

　하나는 자력으로 계(戒)·정(定)·혜(慧)를 닦아 미혹을 끊고 진리를 증득하는 것으로, 이를 「일반법문(通途法門)」이라 한다.

　또 하나는 진실한 믿음과 간절한 원력으로 부처님 명호를 지송하며 부처님의 자비하신 원력에 의지하여 극락왕생하는 것으로, 이를 「특별법문」이라 한다.

　비유를 들자면, 「일반」은 마치 산수화를 그리려면 반드시 한 획 한 획을 거쳐야만 그림이 완성될 수 있는 것과 같지만, 「특별」은 마치 산과 물을 거울로 비추듯이 비록 수십 겹의 무성한 초목과 산봉우리들이 있지만 한번 비춤으로 거울 속에 다 드러나는 것과 같다.

또 「일반」은 마치 보행으로 먼 길을 떠나는 것과 같아, 아무리 힘이 센 사람이라 해도 하루에 백 십리 이상을 걷지 못하지만, 반면에 「특별」은 마치 전륜성왕(轉輪聖王)의 보배수레를 타고 하루 만에 사대천하(四大天下)를 두루 다닐 수 있는 것과 같다.

다시 이들의 차이점을 분명하게 얘기하고자 한다.

일반법문의 교의(敎義)를 살펴보면, 도를 보고[見道] 나서 도를 닦고[修道], 도를 닦은 후 도를 증득(證道)하는데, 이것은 모든 성인[千聖]의 정해진 이치[定理]이다. 따라서 교종은 반드시 대개원해(大開圓解: 선종의 확철대오에 해당됨)하여야 하고, 선종은 반드시 겹겹이 쌓인 관문을 곧바로 뚫어야만 견도(見道)란 두 글자를 말할 자격이 있으며, 비로소 또한 더불어 수도(修道)를 논할 수 있다.

그렇지 않으면 이는 곧 맹목적인 수행으로, 담장에 이리 치이고 저리 부딪히지 않는다는 보장을 받지 못하고, 구덩이에 빠지고 참호에 떨어짐을 면치 못할 것이다.

그러나 이 정토법문은 특별하여 모든 경전의 가르침 가운데 오직 《아미타경》만이 석가세존께서 묻지도 않았지만 스스로 말씀하셨다[無問自說].

부처님께서 말씀하시기를, "여기서 서쪽으로 십만 억 불국토를 지나면 세계가 있어 이름을 극락이라 하며, 그 나라에는 아미타 부처님이 계시니, 지금도 법을 설하고 계시느니라. 다만 원을 세우고 명호를 지송하기만 하면 곧 왕생할 수 있느니라"고 하셨다.

이것은 부처님의 마음과 부처님의 눈으로 친히 알고 친히 본 경계이니, 어떻게 성문(聲聞)과 연각(緣覺)이 알 수 있으며 볼 수 있겠는가?

우리가 부처님의 말씀을 깊이 믿고 이 마음이 바뀌지 않는다면 이를 토대로 발원하고 명호를 지송하는 것이 곧 부처님의 지견(知見)을 자신의 지견으로 삼는 것이기 때문에, 따로 깨달음의 문을 구할 필요가 없다.

일반법문의 교의에 맞추어 법을 닦아 익히는 순서를 보면, 계로 말미암아 선정이 생기고[因戒生定], 선정으로 인하여 지혜가 드러나고[因定發慧], 지혜에 의지하여 미혹을 끊는다[因慧斷惑]. 드러난 지혜에는 우열이 있고, 끊은 미혹에도 깊이가 있는데, 이때에 이르러서야 비로소 더불어 물러나는지 물러나지 않는지를 논할 수 있다.

반면에, 이 정토법문은 특별하여 타력에 의지하기 때문에 아미타 부처님이 크신 원력으로 거두어 들여 업장을 지니고도 왕생할 수 있다.
다시 일반법문의 교의를 살펴보면, 견혹(見惑: 잘못된 견해)과 사혹(思惑: 잘못된 사상)이 터럭 끝만큼이라도 완전하게 제거되지 않으면 범부와 성인이 함께 사는 국토[凡聖同居土]를 벗어날 수 없다.

그러나 이 정토법문은 특별하여 정업을 닦아서 가로로(공간적으로) 삼계를 초월[橫出三界]하는 것이어서 번뇌를 끊어 제거할 필요 없이 바로 사바의 동거토에서 극락의 동거토로 왕생할 수 있다.
(정토를 제외한 나머지 법문으로 도를 닦는 것을 「수출삼계[豎出三界: 세로로 삼계를 벗어남]」라 하고, 염불왕생을 「횡출삼계」라 한다. 마치 벌레가 대나무를 뚫는 것과 같아 세로로는 마디마다 다 뚫어야 하므로 어렵지만, 가로로는 단박에 뚫고 나올 수 있다. 하나는 느리고 하나는 빨라 서로 비교가 안 된다.)

한번 저 나라에 태어나기만 하면 생사의 뿌리가 영원히 끊어지고 만다.

요컨대, 이 정토법문은 깨달음을 구하지도 않고, 지혜가 드러나기를 기다리지도 않으며, 번뇌를 끊지도 않으니, 어찌 지극히 간단하고 쉬우며 가장 빠른 지름길이라 하지 않겠는가?

잠시 여러분과 허심탄회하게 얘기해 보겠다.

우리는 사실상 지금 당장 부처가 될 자격도 갖추고 있지 않으며, 게다가 견혹을 끊어 마음이 가는대로 행동해도 악업을 짓지 않는다는 구체적인 실증도 없다. 그럼에도 불구하고 만약 오로지 정업을 닦아 부처님의 자비로운 원력에 기대어 업장을 짊어지고 극락세계에 왕생하지 않는다면, 미래세가 다하도록 여전히 삼악도와 육도에서 생활하지 않는다는 보장을 받기 어렵다. 그러므로 우리들은 스스로 자기 자신을 헤아려 보아야 할 것이다.

임종 시에 생과 사, 가고 머무름에 자유자재할 수 있다고 과연 장담할 수 있는가?

시작이 없는 옛날부터 지어온 갖가지 악업과 무거운 장애가 눈앞에 나타나지 않는다고 장담할 수 있는가?

이 보신(報身: 업력으로 받은 몸)이 반드시 윤회를 벗어날 수 있다고 장담할 수 있는가?

만약 삼악도의 몸을 받아도 고통과 괴로움이 없다고 장담할 수 있는가?

만약 자신을 분명히 알고 믿을 수만 있다면 얼마나 좋은 일이겠냐 마는 혹 그렇지 못하거든 잠시 한 때의 교만으로 도리어 영겁(永劫) 동안 침륜하게 해서는 안 된다.

본래 수행의 목적은 생사를 해결하기 위함이다. 그런데 만약 열심히 수행을 하고도 생사를 해결하지 못하고, 또 해결할 수 있는 방법이 있음에도 불구하고 의지하려 하지 않는다면, 어찌 금덩이를 버리고 삼을 짊어지며 스스로 그 허물을 사는 게 아니라고 할 수 있겠는가?

우리는 《화엄경》이 모든
경전중에서 으뜸임을 잘 알고 있는데,
《화엄경》에 보면, 보현보살이
열 가지 큰 원을 세워
극락으로 인도하셨다.
따라서 정토종은 마땅히
보현보살을 초조(初祖)로
삼아야 할 것이다.
- 인광 대사

4. 이와 사 [理事]

 염불을 하는 동시에 선종과 교종을 통달한 사람은 숙세부터 선근을 깊이 심었기에 이(理)와 사(事)가 원융하다. 따라서 그런 사람들은 이치에 집착해 사상(事相)을 폐지하지 않을 뿐만 아니라, 사(事) 밖에 따로 이(理)를 보지 않는다.

 이런 부류의 사람들은 사일심(事一心)과 이일심(理一心)에 대한 여러 가지 설을 이미 분명히 알아 의심이 없으므로 금연대(金蓮臺)에 올라 상품상생으로 왕생할 수 있으니, 더 이상 남들의 권장이 필요 없다.

 그러나 세상에는 덮어놓고 이성(理性)만을 얘기하기를 좋아하는 사람도 적지 않다.

 만약 사상(事相)을 들어 그런 사람에게 해설을 할 때, 오묘한 뜻을 묵묵히 이해하지 못한다면 바른 믿음[正信]을 일으키기란 몹시 어렵다. 그런 까닭에 본 종의 취지를 밝혀 설명하기 전에 이 점에 대해 미리 언급을 한 것이다.

 옛 사람들이 「유심정토, 자성미타(唯心淨土, 自性彌陀)」라고 하신 것은 서방정토가 오직 마음을 벗어나지 않고 아미타불이 자성을 떠나지 않는다는 말씀이다. 그런 이치(理致)와 사상(事

相), 법성과 법상[性相]이 모두 이 가운데서 원만하게 드러나기 때문이다.

그러나 여태껏 참선을 하면서 지금까지도 진정으로 도를 얻지 못한 사람들이 있는데 대부분 많은 오해를 갖고 있다. 늘 스스로 우쭐대며 말하기를, "정토는 마음에 있는 것이지, 어디 따로 정토가 있으며, 자신의 성품이 미타인데, 따로 미타를 볼 필요가 있는가?"고 한다.

그들은 오로지 유심과 자성에만 집착하여 정토와 미타가 실제로 있는 것이 아니라고 생각한다. 이런 사람들은 선종조차 모르는데 하물며 어떻게 정토를 알겠는가?

또 한 부류의 사람이 있다.
그들은 정토가 있다는 것을 믿지 않는 것은 아니지만, 오로지 참선을 하여 깨닫기를 바라는 마음만 꽉 차서 서방정토는 왕생할 가치가 없고, 아미타불은 만나볼 필요가 없다고 말한다.

그들은 마음이 곧 경계이므로 마음 밖에 경계가 없고, 경계가 곧 마음이므로 또한 경계 밖에 따로 마음이 없다는 사실을 전혀 이해하지 못한다.

기왕 경계가 전부 마음인 이상 구태여 마음을 고집하여 경계를 꾸짖고 경계를 물리쳐 따로 마음을 얘기할 필요가 있겠는가?

염불과 염심(念心)은 본래 서로 장애가 되지 않지만, 만약 염심에만 집착하고 염불을 허락하지 않는다면, 마음과 부처가 둘이 되고 말 것이 아닌가?

모름지기 이 일념의 심성(心性)을 공간으로 말하면 시방세계에 두루 하고, 시간으로 말하자면 과거 현재 미래세가 다함을 꼭 알아야 한다.

공간적으로 시방에 두루 하다는 것은 지금 이 일념으로 서방에 계신 아미타불을 염송할 때, 서방의 의정(依正: 유정의 심신과 주변 환경)이 곧 나의 마음속에 있고, 나의 이 마음 또한 서방의 의정 가운데 포함된다는 말이다.

만약 시간적으로 삼제(三際: 과거, 현재, 미래)가 다함을 얘기하자면, 염불을 할 때가 곧 부처님을 친견할 때이고 또한 부처가 될 때이며, 왕생을 구할 때가 곧 왕생할 때이고 또한 중생을 구제할 때인데, 앞과 뒤가 따로 없다.

이 마음의 성품은 실제로 중생과 부처가 평등하게 함께 가지고 있어 부처에게도 중생에게도 치우치지 않는다. 만약 마음이 미타(彌陀)에게 속하는 것이라면 중생은 곧 미타 마음 가운데 중생이고, 마음이 중생에게 속하는 것이라면 미타는 곧 중생의 마음 가운데 미타이다.

그러므로 극락미타의 상호(相好)가 드러날 때가 자신의 마음이 드러날 때며, 자신의 마음이 드러날 때가 그 부처의 마음이 드러날 때이다. 나의 마음이 부처의 마음이고, 그 부처는 곧 내 마음속의 부처이며, 마음과 부처는 둘이 아닌 하나이다. 그렇다면 미타 마음속의 중생이 중생 마음속의 미타를 생각[念]하는데, 어찌 중생 마음속의 미타가 미타 마음속의 중생에게 감응하지 않을 리가 있겠는가?

다시 말해, 내가 갖추고 있는 부처의 마음으로 내 마음에 갖추어진 부처를 생각[念]하는데, 어찌 내 마음에 갖추어진 부처가 내가 갖추고 있는 부처의 마음에 감응을 하지 않을 수 있단 말인가?

이러한 이치를 깨닫기는 참으로 어렵지만 믿기란 아주 쉬워, 단지 그대로 받아들이기만 하면 마침내 온몸으로 받아 쓸 수 있다. 이렇게 볼 때 「유심정토」와 「자성미타」라는 말이 결코 서방에 국토가 없고 부처가 없으니 굳이 왕생할 필요가 없다는 것이 아니며, 생멸이 있는 반연의 그림자[緣影]가 결코 유심과 자성이 아님을 알 수 있다.

저 부처를 구하는 것이 곧 자신의 마음을 구하는 것이고, 자신의 마음을 구하려면 반드시 저 부처를 구해야 한다는 점을 반드시 알아두어야 한다.

그러나 아쉽게도 그들은 내 마음이 정토가 될 수 있다는 것만 알뿐 당장에 정토가 될 수는 없다는 것은 알지 못한다. 그들은 또 내 성품이 미타가 될 수 있다는 것만 알뿐 당장에 미타가 될 수 없다는 것 또한 알지 못한다.

이런 폐단은 단지 원만한 뜻을 헤아리지 못한 것으로서 어느 한쪽에 지나치게 집착하여 마치 서육(徐六)이 멜대를 매는 것처럼 앞만 보고 뒤를 보지 못하는 것과 같다.

묻건대,

저 서방정토에는 탐심도 없고 성냄도 없으며 어리석음도 없는데, 그대의 마음속에도 과연 탐심이 없고 성냄도 없으며 어리석음도 없는가?

저 서방(西方)에는 옷을 생각하면 옷을 얻고, 음식을 생각하면 음식을 얻는데, 그대가 옷을 생각하지만 옷이 없을 때는 추운 괴로움이 그 마음을 차지할 것이고, 음식을 생각하지만 음식이 없을 땐 배고픈 괴로움이 그 마음에 자리 잡을 것이다. 이와 같은 처지에 더 이상 사치스럽게 무슨 유심정토를 얘기할 수 있단 말인가?

아미타불의 복은 산과 바다보다 무겁고, 힘은 손으로 천지를 들 수 있으며, 지옥을 연화세계로 변화시키는 것이 마치 손바닥을 뒤집듯이 쉽고, 다함이 없는 세계를 관찰하는 것이 마치 눈앞에 두고 보는 듯하다. 그러나 그대의 복력으로는 자신조차도 추스르기도 부족한 판에 더구나 연화로 변화시키겠는가?

현재 담장 밖의 일조차 모르거늘, 하물며 다함이 없는 세계야 말할 것이 무엇이 있겠는가? 그러면서도 사치스럽게 무슨 자성미타를 얘기할 수 있단 말인가?

동방을 버리고 서방을 취하는 것은 생멸(生滅)이라고 비방하는 사람들이 있는데, 그들은 거꾸로 동방을 고집하여 서방을 버리는 것이 단멸(斷滅)임을 모른다. 궁극적으로 취함도 없고 버림도 없는 경지는 부처가 되고 난 다음의 일이다. 만약 아직 부처가 되지 못하였다면 그 사이에 미혹을 끊고 진리를 증득하는 것은 모두 취사(取捨)에 속하는 일이다.

삼아승지겁을 수련하고 백겁 동안 원인을 닦아[修因] 위로는 불도를 구하고 아래로는 중생을 교화하는데, 어느 한가지인들 취사선택의 일이 아니겠는가? 이미 미혹을 끊고 진리를 증득하는 취사를 허락한 이상 어찌하여 동방을 버리고 서방을 취하며, 더러움을 버리고 청정함을 취하는 취사선택은 허락하지 않는단 말인가?

참선에 대해 말하자면, 취사선택이 모두 잘못이지만 염불에 대해 논하자면 취사가 다 옳은 것이다. 왜냐하면, 하나(참선)는 오로지 자기의 마음만 참구(參究)하는 것이고, 하나(염불)는 이와 동시에 함께 부처님의 힘을 믿고 의지하기 때문이다. 이러한 법문의 근본이치를 모르고 함부로 망령되이 참선법문으로 염불법문을 공격하고 비판하는 사람들은 그 의도가 아주 잘못된 것이다.

선종에서 취사선택을 하지 않는 것은 본래 제호(醍醐)와도 같지만, 염불에서도 취사선택을 하지 말아야 한다면 그것은 곧 독약이 된다는 것을 알지 못하기 때문이다.

옛 사람들이,
"남은 반드시 나지만, 감은 진실로 가지 않는다[生則決定生, 去則實不去]"고 말씀하셨다.

앞 구절은 사(事)를 말하는 것이고, 뒤 구절은 이치[理]를 밝히는 것이다. 이 두 구절을 한 구절로 볼 수 있다면 이사가 원융[理事圓融]하여 물론 가장 좋겠지만, 요즘 사람들은 대부분이 이(理)와 사(事)에 대한 이해가 애매하여 차라리 사상(事相)을 따를지언정 이치에 맞추어 말을 하는 것은 적절치 못하다.

다시 말하면, "감은 진실로 가지 않는다"를 고집하느니, 차라리 "남은 반드시 태어남"을 고집하는 편이 훨씬 낫다는 것이다.

무엇 때문인가?

사(事) 속에는 이(理)가 전부 갖춰져 있지만, 이(理)는 홀로 설 수 있는 재능이 없기 때문이다.

이치를 고집하고 사상(事相)을 폐지하면 공허에 빠지는 비난을 면치 못하지만, 사상을 고집하고 이치에 어두우면 그래도 구품(九品)에 오르는 공이 헛되지 않기 때문이다.

어리석은 남녀가 비록 이치는 잘 알지 못하나 오히려 은밀히 오묘한 도와 계합[暗合道妙]할 수 있는 것이 바로 이러한 연고(緣故)이다.

한 마디 아미타불은 물론 확철대오한 사람이 아니고서야 완전히 들 수 없지만, 가장 어리석고 둔한 사람일지라도 조금도 부족함이 없다. 본래부터 감정을 초월하고 계산을 여의었기에 [超情離計] 의식적으로 단절할 필요가 없다. 한결같은 마음으로 받아 지니기만 하면 되는 것이니, 어찌 어렴풋한 깨달음이 중요하겠는가?

신중(愼重)을 기울이기 위해서 정토를 닦는 사람은 선종의 문자를 탐구하지 않는 게 가장 좋다. 이는 견해가 약간 어긋나면 두 법문이 죄다 파괴될 수 있기 때문이다.

참선하는 사람은 아울러 정토를 닦지 않으면 안 되는데 물러남을 경계하기 위해서다.

물론 오로지 정토를 닦을 수 있다면 당연히 다른 법문을 섭렵하지 않아도 된다. 단지 믿기만 하고 이 마음을 굳건히 지켜 곧장 염송해 내려가기만 하면 된다. 이 한 구절의 아미타불 명호가 익숙해지면 삼장십이부(三藏十二部)의 지극한 교리와 천칠백의 공안(公案), 그리고 삼천위의(三千威儀)와 팔만세행(八萬細行)까지도 그 속에 전부 들어있기 때문이다.

그러므로
진정으로 염불하여 몸과 마음의 세계를 놓아버릴 수 있다면, 그것이 곧 대보시(大布施)요,
진정으로 염불하여 다시 탐·진·치가 일어나지 않으면, 그것이 곧 대지계(大持戒)요,
진정으로 염불하여 옳고 그름, 나와 남을 분별하지 않는다면, 그것이 곧 대인욕(大忍辱)이요,
진정으로 염불하여 조금도 중간에서 염불이 끊어지지 않고 번뇌가 뒤섞이지 않으면, 그것이 곧 대정진(大精進)이요,
진정으로 염불하여 다시 망상이 날뛰지 않으면, 그것이 곧 대선정(大禪定)이요,

진정으로 염불하여 다른 법문에 현혹되지 않으면, 그것이 곧 대지혜(大智慧)이다.

연지대사께서는, "한 마디의 아미타불 명호는 팔교(八敎: 藏, 通, 別, 圓, 頓, 漸, 祕密, 不定)를 포괄하고, 오종(五宗: 禪, 敎, 律, 密, 淨)을 원만히 거두어들인다"고 말씀하셨다.

세상 사람들은 대부분 염불을 하찮은 짓거리로 여기는데, 이 어찌 큰 잘못이 아니겠는가?

5. 의보와 정보 [依正]

 시방세계 부처님은 본래 다 가까이 할 수 있거늘, 어찌하여 유독 아미타불만을 추천하는가?
 그 속에는 세 가지 연고(緣故)가 있다.

 첫째는, 서원이 깊고 무거우며[誓願深重],
 둘째는, 사바세계와 인연이 있으며[娑婆有緣],
 셋째는, 중생교화와 연관이 있다[化道相關].

 서원이 깊고 무거운지를 어떻게 알 수 있는가?

 아미타 부처님은 옛날 아직 부처가 되기 전에 48가지 큰 원을 세우셨는데, 그 중 세 가지 원은 오로지 염불중생들을 거두어들이기 위해 발하셨다.

 그 대의(大義)는, 『내가 부처가 된 후 만약에 중생들이 보리심을 내어 온갖 공덕을 쌓고 지극한 마음으로 발원하여 나의 나라에 태어나고자 하거나, 혹 나의 이름을 듣고 온갖 착한 일을 하며 한결같은 마음으로 나를 생각하여 비록 하루 밤낮 일지라도, 혹 지극한 마음으로 믿고 기뻐하며 나의 나라에 태어나고자 한다면, 열 번만 나의 이름을 불러도 이러한 모든 중생들이 만약 나의 나라에 태어나지 못한다면 나는 결코 부처가 되지 않겠다』는 것이었다.
　여기서 부처님의 원력이 얼마나 크신지 알 수 있다.

　사바세계와 인연이 있는지 어떻게 알 수 있는가?

　《무량수경》에서,『내가 이 경을 설하고 중생들로 하여금 무량수불과 그 국토를 보게 하였고, 마땅히 할 수 있는 것은 모두 얻을 수 있느니, 내가 열반을 한 후에 다시 의심을 내어서는 안 되느니라. 앞으로 올 세상에서 경도(經道)가 다 없어진다 해도 내가 자비로써 중생들을 가엾이 생각하여 특별히 이 경(經)을 백년 동안 더 머물게 하리니, 그 어떤 중생이 이 경을 만나거든 소원에 따라 모두 생사고해를 벗어날 수 있으리라』고 말씀하셨다.

　또『이《무량수경》이 멸하고 나서 불법이 완전히 사라졌을 때 다만 아미타불 사자명호(四字名號)만 남아 중생을 구제하리라』라고 말씀하셨다.

　이를 통해 아미타불께서는 사바세계와 인연이 깊음을 알 수 있다. 비록 말법시대의 중생·승(僧)·속(俗)·남(男)·녀(女)와 빈(貧)·부(富)·귀(貴)·천(賤)을 불문하고, 조금이라도 불교를 아는 사람들은 많이 신향(信向)을 할 수 있다.

　설사 불교를 모르는 사람들이라도 아미타불을 부를 줄 알며, 설사 어리석고 포악하며 믿음이 없는 무리들이 혹 큰 어려움이나 위급한 상황에 처했을 때, 혹 찬탄하거나 원망하며 한탄할 때도, 자신도 모르는 사이에 아미타불을 부른다. 이런 일들은 전부 권하지 않아도 자발적이고, 가르쳐 주지 않아도 저절로 하는 것이니, 어찌 인연이 있다 하지 않겠는가?

마지막으로 중생교화와 관계가 있는지를 어떻게 알 수 있는가?

두 나라의 성인께서는 각각 정토(淨土)와 예토(穢土)에 계시면서 절(折)과 섭(攝) 두 문으로 중생들을 조복시키는데, 사바에서는 고통과 촉박, 마장과 번뇌(魔惱)를 보여주어 사바세계의 혼탁한 경계를 싫어하게 하며, 반면에 정토에서는 청정과 기쁨, 연장[延]과 불퇴전으로 거둬 즐거운 바를 알게 하여 중생교화가 이루어지게 한다.

석가세존이 삼승(三乘: 성문, 연각, 보살)의 교화 외에 못 다 건진 중생들은 바로 아미타불이 구제할 대상이므로 대승의 여러 경전에서 반복하여 고구정녕하게 왕생을 권장하며 칭찬한 것은 바로 중생교화와 연관이 있기 때문이다.

이처럼 세 가지 연고가 있기에 유독 아미타불만을 추천하는 것이다.

이곳(사바세계)에서 피와 살로 이루어진 육신은 태어나는 괴로움[生苦]이 있지만,
저곳(극락세계)에는 연화화생(蓮花化生)이므로 어찌 태어남의 고통이 있겠는가!

이곳에는 사계절이 순서대로 바뀌고 노쇠(老衰)가 서로 침범

해 오지만,
　저곳에는 춥고 더운 변화가 없는데, 어찌 늙는 괴로움[老苦]이 있겠는가!

　이곳에는 사대(四大)가 조화롭지 못해 질병이 많지만,
　저곳에는 화(化)하여서 얻은 몸은 향기롭고 깨끗하니, 어찌 질병의 고통[病苦]이 있겠는가!

　이곳에는 옛부터 70살까지 사는 일이 드물고 무상(無常)이 신속하지만,
　저곳에는 수명이 무량하니, 어찌 죽는 고통[死苦]이 있겠는가!

　이곳에는 정과 애착이 있지만,
　저곳에는 부모와 처자식조차 없는데, 어찌 사랑하는 사람과 헤어지는 고통[愛別離苦]이 있겠는가!

　이곳에는 원망하고 미워하고 원수와 만나게 되는 괴로움이 있지만,
　저곳에는 최상의 착한 사람들과 함께 모이니, 어찌 원수와 만나는 괴로움[怨憎會苦]이 있겠는가!

　이곳에는 혹 온갖 어려움과 춥고 배고픔이 있고 아무리 욕심을 부려도 늘 부족하지만,
　저곳에는 옷과 음식, 진귀한 보물이 다 갖추어져 있어 있는 그대로 받아쓰기만 하면 된다.

　이곳에는 혹 몸뚱이가 추하고 더러우며 간혹 육근에 결함이

있지만,
  저곳에는 용모가 단정하고 몸에는 광채가 있다.

  이곳에는 생사가 윤전(輪轉)하지만,
  저곳에는 영원히 무생(無生)을 증득한다.

  이곳에는 사취(四趣: 지옥, 아귀, 축생, 아수라)의 괴로움이 있지만,
  저곳에는 삼악도란 이름조차 없다.

  이곳에는 구릉과 구덩이, 가시나무가 숲을 이루고, 흙과 돌로 된 산에는 온갖 보기 흉한 더러움으로 가득 찼지만,
  저곳에는 땅이 황금으로 되어 있고 보배나무가 하늘을 치솟으며, 누각은 일곱 가지 진귀한 보배로 높이 세워지고 연꽃은 네 가지 색깔로 핀다.

  이곳에는 석가불이 이미 열반하셨고 미륵불은 아직 오지 않았지만,
  저곳에는 무량수불이 지금도 법을 설하고 계신다.

  이곳에는 단지 관음, 세지의 거룩한 이름을 들을 수 있을 뿐이지만,
  저곳에서는 두 보살과 친한 친구 사이가 된다.

  이곳에는 온갖 마구니와 외도들이 바른 수행을 괴롭히지만,
  저곳에는 부처님의 교화로 통일되어 마구니와 외도는 자취를 감추었다.

이곳에는 요염한 여색과 음란함이 가득하여 수행자들을 현혹하지만,
저곳에는 정보(正報)가 청정하여 실로 여인이란 없다.

이곳에는 악마와 요괴들이 사악한 소리로 서로 번뇌를 부추기지만,
저곳에는 물과 새, 나무[水鳥樹林]들이 전부 미묘한 법을 널리 펴고 있다.

두 국토를 서로 비교해 보면 환경과 조건이 이처럼 크게 다르니, 어찌 한 번에 다 말할 수 있겠는가?

결론을 말하자면, 환경이 빼어난 점은 중생들이 청정을 얻고자 하는 마음을 거두어들이고, 조건이 빼어난 점은 왕생한 자들의 수행력을 도와줄 수 있다. 이 때문에 모든 성현들이 두루 극락을 가리키고 있다.

정토왕생은 본래 당장에 바로 부처가 되는 것은 아니지만, 다만 믿고 의지할 수 있는 것은 부처님 곁을 떠나지 않고 영원히 물러남도 없으며, 수명이 한량없어 마침내 큰 깨달음을 얻게 된다는 것이다.

이 세상에서 수명이 짧고 병치레가 많은 것은 더 이상 말할 필요조차 없거니와, 혼침(昏沈)하여 잠을 자는 시간만 하더라도 인생의 반은 차지한다. 게다가 보살은 아직 격음(隔陰: 전생을 기억 못함)의 어두움이 있고, 성문은 출태(出胎)의 번민이 있다.

척벽촌음(尺璧: 직경이 한 척인 보옥. 寸陰: 매우 짧은 시간: 시간이 소중하면서 짧음을 뜻함)을 이미 열에 아홉은 잃어 버렸으니, 스스로 묻되[自問] 아직 불퇴전의 경지에 오르지 못하고 조금의 확신마저 서지 않았으니, 어찌 마음이 섬뜩하지 않겠는가?

우리가 꼭 서방정토로 왕생해야 하는 것은 바로 확실한 생애(生涯)를 위함이다.

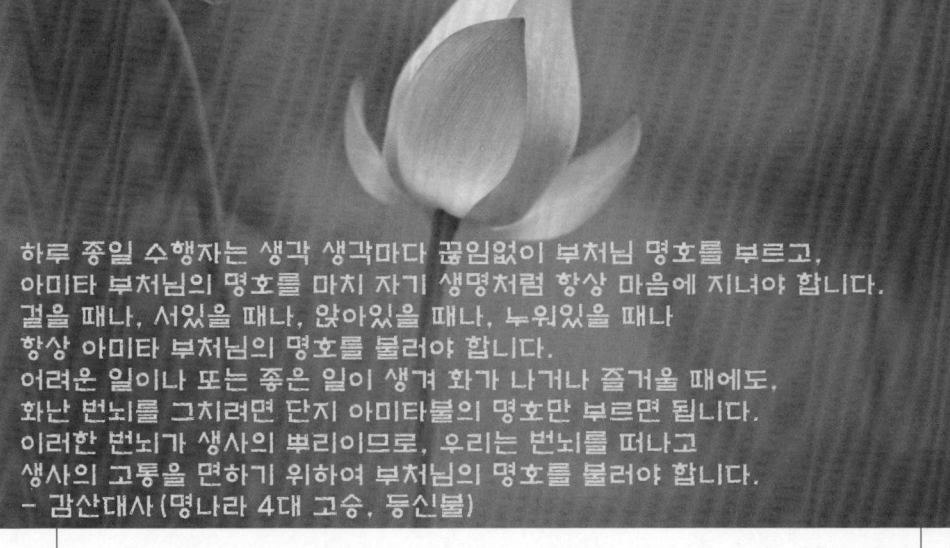

하루 종일 수행자는 생각 생각마다 끊임없이 부처님 명호를 부르고, 아미타 부처님의 명호를 마치 자기 생명처럼 항상 마음에 지녀야 합니다.
걸을 때나, 서있을 때나, 앉아있을 때나, 누워있을 때나
항상 아미타 부처님의 명호를 불러야 합니다.
어려운 일이나 또는 좋은 일이 생겨 화가 나거나 즐거울 때에도,
화난 번뇌를 그치려면 단지 아미타불의 명호만 부르면 됩니다.
이러한 번뇌가 생사의 뿌리이므로, 우리는 번뇌를 떠나고
생사의 고통을 면하기 위하여 부처님의 명호를 불러야 합니다.
- 감산대사 (명나라 4대 고승, 등신불)

6. 믿음을 일으킴 [起信]

 염불법문은 믿음[信], 발원[願], 실천[行] 이 세 가지가 바로 수행의 요건이다. 이 세 가지가 다 갖추어지면 틀림없이 천 명이 닦으면 천 명이 왕생하고, 만 명이 닦으면 만 명이 왕생한다.

 만약 믿음은 있으나 발원이 없으면 곧 믿지 않은 것과 같고, 발원은 있으나 실천이 없으면 곧 발원하지 않은 것과 같으며, 실천은 있으나 용맹스럽지 못하면 실천하지 않는 것과 같다. 사실상 실천이 용맹스럽지 못한 것은 발원이 간절하지 않기 때문이요, 발원이 간절하지 못한 까닭은 믿음이 진실하지 않기 때문이다.

 근본으로 돌아가서 이 법이 어렵다는 것은 바로 바른 믿음[正信]을 내기가 어렵다는 것이다. 믿음이 과연 진실하다면 발원은 저절로 간절해지고, 발원이 과연 간절하다면 실천은 저절로 용맹스러워져 틀림없이 정토에 왕생할 것이며, 아미타불을 친견하고, 광겁(曠劫) 이래 생사업의 뿌리가 영원히 끊어질 것이다. 그러니 어찌 진실한 믿음과의 관계를 등한시 할 수 있겠는가?

 경전에, 『믿음을 손으로 삼아 보배 산에 들어가면 자유롭게 보물을 가질 수 있지만, 손이 없으면 얻을 수 없다」고 하셨다.

《대지도론(大智度論)》에서는, 『청정한 믿음이 있으면 불법으로 들어갈 수 있지만, 믿음이 없으면 들어갈 수 없다. 이는 마치 소 가죽이 부드럽지 않아 구부려 꺾지 못하는 것과 같다』고 하셨다.

옛날에 왕중회(王仲回)가 양무위(楊無爲)에게,
"염불을 어떻게 해야만 끊어지지 않습니까?"고 묻자,

대답하길,
"한번 믿고 나서 다시는 의심하지 않는 것이 곧 끊어지지 않게 하는 것이다"고 답했다.

회(回)는 그 말을 듣고 뛸 듯이 기뻐하며 돌아갔다. 얼마 후 그는 극락왕생을 하였으며, 후에 다시 돌아와서 감사의 뜻을 전했다. 그러므로 단박에 깨치지 못한 사람은 마땅히 믿음의 뿌리[信根]를 깊이 심고 믿음을 토대로 수행하면 마침내 성공할 날이 올 것이다.

정토법문이 이처럼 넓고 크고[廣大] 수행의 방법 또한 지극히 간편하고 쉽지만 숙세에 정토의 선근을 깊이 심지 않고서는 사실상 의심 없이 굳게 믿기란 매우 어렵다.

비록 석가본사와 여러 부처님들이 서로 믿을 것을 권장하지만, 세상에는 의심을 하는 자들이 여전히 수없이 많다.

세간의 지혜와 범부의 알음알이[世智凡情]로는 믿기 어려울 뿐만 아니라, 참선과 교법을 깊이 통달한 선지식들조차도 간혹 의심을 한다.

비단 선지식들만이 믿기 어려울 뿐만 아니라, 미혹을 끊어 참된 진리를 증득하고, 업장이 다하고 감정이 텅 빈 성문과 연각조차도 간혹 의심을 한다.

또 비단 작은 성인[小聖: 성문과 연각]이 믿기 어려울 뿐만 아니라, 권위(權位: 견성을 하지 못한 보살)보살들조차도 의심을 하는 경우가 있다.

법신보살은 비록 믿을 수는 있지만, 그들 역시 여전히 근원까지 철저히 알지 못한다.

진실로 이 법문은 부처님의 깨달음[果地覺]을 원인 자리의 마음[因地心]으로 삼기 때문에, 전체가 부처님의 경계이므로 몹시 심오하여 헤아리기 어려워 오직 부처와 부처만이 궁극적으로 알 수 있다. 그런 법신을 증득한 보살도 다 알지 못하거늘, 어찌 범부중생이 함부로 억단(臆斷)할 수 있단 말인가?

부처님 당시 문수와 보현보살, 부처님이 열반하신 후 마명과 용수보살, 그리고 지자와 영명대사 등을 살펴보면 모두 정토왕생을 발원했음을 알 수 있다. 설마 그들이 전부 둔한 근기란 말인가?

세존께서 《대보적경(大寶積經)》에서 부친인 정반왕과 6만 석종(釋種)에게 모두 정토왕생을 권장한 것이 결코 그들이 모두 평범한 그릇이었기 때문이었겠는가?

 우리가 이 법에 깊은 믿음을 낼 수 있다면 곧 범부의 마음으로 부처의 깨달음의 바다[覺海]에 뛰어들어 은밀히 부처님의 지혜와 통하고 오묘한 도와 계합되므로, 비록 범부중생이지만 그 근성은 이미 성문과 연각을 뛰어 넘는다.

 우리들은 석가세존의 말씀에 절대 거짓이 없고, 미타여래의 큰 자비심에는 결코 헛된 원[虛願]이 없음을 믿어야 한다.

 염불로 왕생을 구하는 원인은 반드시 부처님을 만나 뵙고 왕생을 하는 결과를 얻을 수 있다. 마치 수박을 심어 수박을 거두고, 콩을 심어 콩을 거두며, 메아리는 반드시 소리에 응하고, 그림자는 반드시 형상을 따르는 것과 같아 원인은 헛되이 버려지지 않고, 결과는 제멋대로 얻어지지 않는다. 이것은 부처님께 여쭤보지 않아도 스스로 믿음이 갈 것이다.

 여러분!
 인간세상의 부귀(富貴)는 백년도 못 가서 텅 빌 것이고, 천상의 번화(繁華) 역시 천년이면 바닥이 날 것이다. 그러나 한번 극락세계에 왕생하면 수명이 무량하고, 왕생의 방법은 단지 한 마디 아미타불 명호에만 의지하기만 하면 되는데, 세상에 이처럼 편리하고 좋은 일이 있음에도 불구하고 닦으려 하지 않고, 또 저기서 쇠로 만든 신[鐵鞋]을 신고 지극한 도를 묻고 있구나!

옛 사람들의 말씀에, "불법을 만나기도 어렵지만, 진실한 믿음을 내기란 더욱 더 어렵다"고 하셨다.

그대가 지금 능히 믿음을 내어 염불할 수 있다면 마땅히 이 선근(善根)을 항상 증장(增長)시켜 스스로 자신을 속이는 일이 없도록 해야 한다. 반드시 진실한 마음으로 염송해야지 유명무실(有名無實)하게 해서는 안 된다.

병에 덜 걸리게 하는 네 가지 방법이 있다.
첫째는 살생을 삼가고 채식을 하는 것이요,
둘째는 방생을 하여 목숨을 살려 주는 것이며,
셋째는 부처님께 절하는 것이요,
넷째는 부처님 명호를 부르는 일이다.
戒病四法 一戒殺吃素 二放生救命
三禮拜諸佛 四稱念佛號
-고덕

7. 정토왕생의 발원發願

《화엄경》에서, 『사람이 임종 시에 일체 모든 근(根)은 다 흩어져서 무너져 버리고, 일체 친속은 모두 다 헤어지게 되며, 일체 위엄과 세력은 모두 다 퇴실(退失)되고, 게다가 보좌하는 재상과 대신(大臣), 궁성의 안팎과 코끼리와 말과 수레와 보배 창고 등 이와 같은 모든 것은 다시는 서로 따르지 않는다. 오직 이 원왕(願王)만이 서로 버리어 헤어지지 아니하며 언제나 그 앞을 인도하여 잠깐 사이에 바로 극락세계에 왕생할 것이니라』 하셨다.

이 발원은 비록 믿음으로 말미암아 일어났지만, 실다운 믿음은 발원으로 인하여 참다워진다. 믿음과 발원이 이미 진실하고 간절해졌다면 실천 또한 일어나길 기대하지 않아도 저절로 일어날 것이다.

설령 번뇌의 경계가 눈앞에 나타나더라도 나는 오직 한마디 아미타불만을 염송할 뿐이요,
설사 즐거운 경계가 눈앞에 나타날지라도 나는 오로지 한마디 아미타불만을 염송할 따름이다.

가령 전륜왕의 승묘(勝妙)한 오욕(五慾: 財, 色, 名, 食, 睡)이 눈앞에 나타나더라도 끝내 이 즐거움으로 인하여 극락왕생의

발원을 포기하지 않을 것이며,

　설사 벌겋게 달아 오른 쇠 바퀴가 머리 위를 맴돌지라도 결코 이러한 고통 때문에 극락왕생의 발원을 잃어버리지 않을 것이다.

　이토록 극심한 순경(順境)과 역경(逆境) 속에서도 발원한 바를 바꾸지 않을 수 있거늘, 하물며 작디작은 순역(順逆)의 경계이랴!

　이렇게 결심을 굳게 다지고 언제나 주인이 될 수 있다면, 자연히 온갖 환경과 인연에 끌려 마음이 뒤바뀌지 아니하고, 온갖 사설(邪說)에도 마음이 흔들려 현혹되지 않을 것이며, 다른 날 이 한 목숨이 다할 때 당연히 곧장 서방정토로 왕생하여 다른 곳에 태어나지 않을 것이다.

　돌이켜 보면, 비록 이 한마디 명호를 입만 열면 부를 수 있어 별로 어려움이 없지만, 사바세계에 대한 애착이 많으면 왕생하기가 어렵다. 비유하자면, 만근이나 되는 무거운 배가 바람을 타고 파도를 헤치며 순식간에 천리를 달리는 기세가 있지만, 그대가 도리어 뱃머리에 말뚝을 박아 놓는다면 어찌 앞으로 나아갈 수 있겠는가?

　부처님의 교법(敎法)이 동쪽으로 흘러들어간 후 고금(古今) 이래 수행을 잘하신 사람들도 적지는 않지만, 아쉽게도 많은 분들이 불법의 지극한 이치를 모르고 마음을 잘못 쓰는 경우가 종종 있다. 생신날 예참(禮懺)과 경전을 독송하는 목적은 현세에 재앙을 소멸하고 복을 불러오는데 있고, 또 늘그막에 채식하고 염불하는 이유는 내생에 복 있는 곳에 태어나기 위해서다.

비록 불법이 불가사의(不可思議)하여 원하는 것을 다 얻을 수는 있지만, 이는 큰 것으로 작은 것을 구(求)하는 것과 같고, 이미 부처님의 본원(本願)을 타고도 불법을 배우는 진리를 등지고 있는 것과 같다.

만약 진귀한 구슬이 참새를 잡는데 쓰인다면 얼마나 아까운가?

감옥에 갇힌 사람은 왜 항상 감옥을 벗어나길 바랄까? 그것은 그 사람이 이 가시담장 밖에 더 큰 편안하고 즐거운 세상[安樂世界]이 있음을 확실하게 알고 있기 때문이다.

반면 중생들은 번뇌를 가택(家宅)으로 삼고, 생사를 원유(園囿: 꽃과 나무를 심고 짐승을 기르는 동산)로 생각하여 큰 철위산(鐵圍山)이 도리어 곧 나의 가시담장인 줄 모르고 삼계 밖에 각자 자신의 편안하고 즐거운 고향이 있다는 사실을 모르고 있다.

만약 그 나라의 즐거움을 가지고 사바세계의 괴로운 점을 돌이켜 본다면, 싫어서 벗어나고 싶은[厭離] 마음이 자신도 모르게 절로 일어날 것이며, 마치 죄수가 하루 빨리 감옥을 벗어나고 싶듯이 절박해질 것이다.

또 사바세계의 고통을 가지고 멀리 저 나라의 즐거움을 견주어보면, 기뻐하는 마음을 주체하지 못함이 하루 속히 고향으로 돌아가고 싶어지듯이 간절해 질 것이다.

이렇게 부처님 명호를 지송할 때 자연히 생각과 생각 사이에 기뻐하고 싫어하는[欣厭] 마음이 절로 갖추어질 것이다. 마치 감옥에서 벗어나 고향으로 달려갈 때처럼 한발 한발 자국마다 저절로 기쁨[欣]과 싫어함[厭]이 갖춰지는 것과 같다.

이렇게 사바세계에 대한 애착이 날마다 가볍게 되고 극락에 대한 생각은 매일 매일 한결같이 해야 된다. 가볍고 또 가볍게 하여 점차 없애 버리고, 한결같이 또 한결같이 하여 차츰 궁극에 이르러야 한다.

만약 여의치 못한 일을 만나거든 바로 생각을 돌려서 이 한 마디 명호를 급급히 들어 올려 염송하며 회광반조(回光返照)하되, "나는 극락세계 사람인데 어떻게 저들과 똑같은 생각을 한단 말인가?"라고 생각하고는 한결 같은 마음으로 염불할 뿐 더 이상 말할 필요가 없다.

과연 이렇게 할 수 있다면, 이 사람은 비록 아직은 사바세계를 벗어나지 못했지만 이미 사바에 오래 머물 손님[久客]이 아니고, 비록 아직은 극락에 태어나지 못했지만 벌써 극락의 반가운 손님[嘉賓]이다.

아미타 부처님께서 큰 원을 세우시고 성불하셨는데, 만약 나의 발원 역시 부처님이 중생을 거두는 원력과 부합된다면 어찌 왕생이 어렵겠는가?

부처님은 무량겁 전에 시방세계에 고통 받는 중생들을 위하여 48가지 크신 원력을 세우신 후 발원을 따라 기나긴 세월동안 보살도를 닦으셨다. 금륜왕(金輪王)의 지위와 나라, 성곽, 처자식, 머리, 골수, 눈 등등을 버린 적이 몇 천 만억번이 되는지 모른다.

또한 사람들이 참지 못하는 바를 능히 참아내고, 실천하지 못하는 바를 능히 실천했으며, 육바라밀을 원만히 닦아 정토를 청정하게 장엄하고 성불에 이르렀다. 또 헤아릴 수 없이 많은 분신(分身)으로 중생들을 접인(接引)하며 방편으로 거두어 교화시켜 그들로 하여금 정토왕생을 하게 한다.

만약 중생들의 입장에서 보면 부처님은 널리 모든 중생을 위한 분이시지만, 만일 나 한 사람의 입장에서 보면 부처님은 오로지 나만을 위한 분이시다.

이렇게 보면 아미타불의 성품에 맞춘 큰 대원[稱性大願]은 나를 위해 일으킨[發] 것이고, 아미타불이 오랜 세월 큰 행[大行]은 오직 나만을 위해 닦으신 것이다. 또 네 가지 국토(四土)는 나를 위해 청정하게 장엄하신 것이고, 삼신(三身: 法, 報, 化)은 나를 위해 원만하게 하신 것이다.

그리고 번번이 몸을 나투시어 접인을 하고 곳곳에서 상서로운 감응을 나타내시는 것조차도 전부 나를 위해서이다. 내가 업을 지을 때에는 부처님은 곧 나를 경책하셨고, 내가 고통을 받을 때에는 부처님은 나를 건져 주셨으며, 내가 목숨 바쳐 귀의(歸命)할 때에는 부처님은 곧 나를 섭수하시고, 내가 수행할 때에는 부처님은 나에게 가피를 주셨다.

부처님께서 이토록 여러 가지로 나를 돌봐 주시는 까닭은 도대체 무엇인가?

그것은 단지 나에게 염불을 하고, 나에게 왕생을 하며, 나에게 영원히 뭇 고통에서 벗어나 온갖 즐거움을 누리고, 나에게 육도를 오르내리면서 모든 중생을 건져 곧장 부처가 되게 하기 위함이다. 이처럼 깊고 두터운 은덕을 어찌 말로써 다 표현할 수 있겠는가!

송나라의 영가(瑩珂) 스님은 본래 술 마시고 고기 먹던 분이셨지만, 《왕생전(往生傳)》을 읽고 나서 곧장 채식하며 염불을 하셨다. 그렇게 칠일이 지났을 때 부처님이 몸을 나투시어 위로해 주셨다.

"십년 뒤 마땅히 너를 데리러 오겠느니라."
"부처님, 사바세계는 몹시 혼탁하여 정념(正念)을 잃기 쉬우니 바라옵건대, 하루 빨리 극락에 왕생하여 여러 성인들을 받들어 모시겠나이다."

"너의 뜻이 그러하다면 내가 삼일 후에 데리러 오겠느니라."
과연 때가 되자 왕생을 하였다.

그리고 회옥(懷玉) 선사께서는 정업(淨業)을 정밀하게 닦으셨는데[精修], 어느 날 불보살이 허공에 가득한 가운데 한 사람이 은대(銀臺)를 갖고 오는 것을 보고,
회옥은 마음속으로,
'내가 일생을 염불 정진하여 금대(金臺)에 뜻을 두었거늘 어찌하여 그렇지 않지?'

이런 생각을 하는 순간 은대가 그 자리에서 사라졌다. 이후부터 더욱더 정진하였다. 21일 후에 다시 불보살이 허공에 가득하였고, 전에 은대를 가져왔던 사람이 금대로 바꾸어 나타나자,
　회옥 선사께서는 곧 미소를 머금고 왕생하셨다.

　또 유유민(劉遺民)이 여산 동림사(東林寺)에서 결사염불(結社念佛)을 할 때였다.

　어느 날 한참 염불을 하고 있는데 부처님이 몸을 나투시는 것을 보고 마음속으로 생각하기를,
　'어찌하면 여래께서 손으로 나의 머리를 쓰다듬어 주실까?'

　그러자 부처님이 곧 손으로 머리를 쓰다듬어 주셨다.
　다시, '어찌하면 여래께서 옷으로 나의 몸을 덮어 주실까?'
　이 생각을 하자 부처님께서 곧장 옷으로 몸을 덮어 주셨다.

　이렇듯 빨리 왕생하고자 하면 빨리 왕생하고, 금대를 얻고자 하면 금대를 얻고,
　손으로 머리를 쓰다듬어 달라면 머리를 쓰다듬어 주시고,
　옷으로 몸을 덮어 달라면 곧 몸을 덮어 주시니,
　큰 자비심에는 간택(揀擇)이 없음을 알 수 있다.

　《능엄경》에 대세지보살께서 말씀하시기를,
　『시방제불이 중생을 가엾이 여기는 것은 마치 어머니가 자식을 그리워하는 것과 같다. 자식이 만약 도망을 간다면 비록 그리워한들 무엇 하랴!

만약 자식이 어머니를 그리워하는 것이 마치 어머니가 자식을 그리워할 때와 같다면 모자(母子)는 여러 생이 지나서도 서로 엇갈려 태어나 멀어지지 않는다.

만약 중생의 마음으로 부처님을 그리워하고 부처님을 생각한다면, 현세와 미래에 기필코 부처님을 만나며 부처님과 멀리 떨어져 있지 않는다. 방편을 빌리지 않고도 저절로 마음이 열리는 것은 마치 향을 가까이 한 사람의 몸에 향내가 배는 것과 같다. 이것을 향광장엄(香光莊嚴)이라 이름 한다.

나는 본래 원인의 자리[因地]에 있을 때 염불하는 마음으로 무생법인(無生法忍)을 얻어 지금 이 세계에서 염불하는 사람들을 거두어서 정토로 돌아가게 한다. 부처님께서 원통(圓通)을 물으시는데 나에게는 선택의 여지가 없다. 육근을 모두 거두어 청정한 생각이 이어져 삼매를 얻는 것이 제일이다.』

이것은 보살이 몸소 증득하고 실제로 도달한 경계를 마음과 쓸개까지를 토로하는[吐心吐膽] 심정으로 알려주신 진실한 말씀이시다.

내가 부처님을 생각하지 않아도 부처님은 나를 생각하시는데, 내가 만일 간절하게 부처님을 생각한다면 부처님은 틀림없이 더욱 더 나를 생각할 것이다.

부처님이 대자대비하신 마음으로 나를 기억하고 이토록 나를 생각하며 거두어 주시는데, 이 깊은 은혜에 감격하여 우러러 받들고 더더욱 염불을 해야 한다.

여태까지 오랜 세월 동안 억울하게 온갖 고통을 받아왔지만 내가 지금 괴로움에서 벗어나고자 한다면 마땅히 염불을 해야 한다. 이미 지은 업은 어쩔 수 없지만 미래의 업을 어찌 또 지을 수 있겠는가? 내가 지금 부끄러운 마음을 낸다면 마땅히 염불을 해야 한다.

바탕이 같은 심성은 본래부터 갖고 있지만 지금은 단지 깨달음과 증득이 부족할 뿐이다. 그러니 내가 지금 마음을 깨닫기를 바란다면 마땅히 염불을 해야 한다. 아미타 부처님의 크신 원력은 마치 한 척의 큰 배와 같아 어떤 물건이든지 배에 싣기만 하면 피안(彼岸)에 이를 수 있어 가라앉을 염려가 없다.

반대로 물을 타던 바람을 타던 그것은 다 배에 오르고 난 후의 일이니, 만약 그대가 배에 오르려 하지 않는다면 어찌할 방법이 없다. 그러므로 언제나 자신의 발원이 먼저 앞서야 한다.

우익(蕅益)대사의 말씀에, "왕생할 수 있는지 여부는 전적으로 믿음과 발원의 유무에 달려 있고, 품위의 높고 낮음은 전적으로 지명(持名)의 깊이에 달려 있다" 하셨는데, 진실로 천고에 바뀔 수 없는 지당한 말씀이시다.

이상 믿음과 발원을 설명했으니, 다음은 마땅히 수행을 얘기할 것이다.

염불하는 마음이 진실한지
진실하지 않은지 알려면
기쁨과 번뇌 속에서
그 증거를 찾으면 된다.
만약 염불이
기쁨과 번뇌 속에서
주인이 될 수 있다면
병고(病苦) 중에서도
주인이 될 수 있고,
병고 중에서도
주인이 될 수 있다면
임종 시에는 갈 곳을
분명하게 알 수 있을 것이다.
- 불법도론佛法導論

8. 정토법문의 실천수행 [行持]

여러 경전에서 열어 보여주신[開示] 정토의 수행방법은 천차만별이다. 예를 들면, 지명(持名 혹은 稱名), 관상(觀想), 관상(觀像), 실상(實相) 등이 있는데, 이 네 가지 중에서 어느 하나를 닦아 수행이 이루어지면 모두 정토왕생을 할 수 있다.

그러나 그 중에서도 오직 칭명염불만이 모든 근기를 가장 널리 두루 포섭하며, 시작하기가 또한 가장 쉽다. 만약에 염불이 일심불란(一心不亂)의 경지에 이르게 되면 실상의 묘한 이치[實相妙理]의 전체가 뚜렷이 드러나고, 서방의 미묘한 경계 또한 완전하고 원만하게 드러난다.

지명(持名)으로 실상을 몸소 증득하게 되면 관(觀)을 하지 않고도 철저히 서방을 볼 수 있다. 이 때문에 석가세존께서는 청하여 묻지도 않았지만 스스로 이 법을 특별히 지혜가 제일인 사리불에게 말씀하신 것이다. 따라서 지명염불은 방편 중의 제일 방편이며, 요의(了義) 중의 무상요의(無上了義)이며, 원돈(圓頓) 중에 최고의 원돈이라 할 수 있다.

염불에는 묵지(默持: 묵묵히 염불함), 고성지(高聲持: 큰소리로 염불함), 금강지(金剛持) 등이 있다. 만약에 큰 소리로 염불하기에는 너무 힘이 들고 묵묵히 염송하자니, 또 쉽게 혼침(昏沈)에 빠진다면, 염불소리가 끊임없이 지속적으로 입술과 치아 사이에서만 나도록 하면 되는데, 이것을 금강지(金剛持)라 한다.

따라서 이 세 가지 가운데 꼭 한 가지만을 고집할 필요는 없다. 만약 큰 소리로 하는 것이 힘이 들면 묵묵히 염송해도 괜찮고, 혹 혼침을 느끼면 큰 소리로 염불해도 무방하다. 만약 마음이 하나로 잘 집중되지 않으면 마땅히 지극한 정성으로 마음을 잘 다스려서 염송해야 한다.

염불을 소리 내서 하든, 묵묵히 하든, 반드시 마음에서 일어나 소리가 입으로 나오고 그 소리가 다시 귀로 들어가야 한다. 이처럼 마음과 입으로 또렷또렷하게 염송하고 귀로는 분명하게 들어야 한다.

이렇게 하는데도 불구하고 망상이 파도처럼 밀려든다면, 마땅히 인광대사께서 제창하신 십념법(十念法)을 사용해야 한다. 이 방법은 염불할 때 첫 번째 구절부터 열 번째 구절까지 분명히 염송하면서 동시에 분명히 숫자를 기억하는 것이다. 열 번째 구절까지 다 염송하였으면 다시 첫 번째부터 열 번째까지 되풀이해 염송한다. 횟수를 기억하면서 염송하되 염주를 돌려서는 안 된다.

만약 열 구절을 곧장 기억하기가 어려우면 두 번으로 나누어 첫 번째부터 다섯 번째까지, 여섯 번째부터 열 번째까지 기억해도 된다. 그것도 힘들면 세 번으로 나누어 첫 번째부터 세 번째까지, 네 번째부터 여섯 번째까지, 일곱 번째부터 열 번째까지 염송해도 괜찮다. 이렇게 전심(全心)의 힘을 부처님 명호에 집중하여 염송을 또렷하게 하고 기억도 또렷하게 하며 듣기도 또렷하게 하면, 온갖 망상과 잡념이 끼어들 틈이 없게 된다.

이 방법으로 한번 염불하면 마음속으로 한번인 줄 알고, 열 번 염불하면 마음속으로 열 번인 줄 안다. 단지 첫 번째부터 열 번째까지 되풀이 하면서 염송하기만 하면 되는데 빨리 하던 천천히 하던 상관이 없고 아침부터 저녁까지 어느 때에 해도 괜찮다.

이 방법은 비단 망상을 제거할 뿐만 아니라 정신 수양[養神]에도 가장 좋으며, 하루에 수만 번을 염송할지라도 이처럼 기억하면 된다. 다만 일을 할 때 혹 숫자를 기억하기 어려우면 단지 간절하게 곧장 염송하기만 하고, 일이 끝난 다음에 다시 마음을 가다듬어 숫자를 세면서 염불하면 된다.

염주를 굴리며 염불하는 방법은 오직 길을 걷거나 머무를 때에만 적합하다.(정좌하여 정신수양 할 때도 염주를 돌리면 손이 움직여서 정신이 안정될 수 없기 때문에 오래 지속되면 병을 얻기 쉽다.) 오직 이 십념 법만이 행주좌와(行住坐臥)에 적합하지 않은 때가 없다. 다만 누웠을 때는 소리 내지 않고 묵묵히 염송해야 한다. 누워서 소리 내면 첫째는 공경스럽지 못하고, 둘째는 기를 손상시키기 때문이다. 염불의 공과(功課)는 각자 편한 대로 하면 된다.

일반적으로 《아미타경》을 한 권 독송하고, 왕생주(往生呪: 발일체업장 근본득생 정토다라니) 세 번 염송하고, 찬불게(讚佛偈), 다음은 나무아미타불 정근을 하고, 정근이 끝나면 관세음보살, 대세지보살, 청정대해중보살 각각 열 번, 회향문을 한 편 독송하고,

아미타불, 관세음보살, 대세지보살, 청정대해중보살님께 각각 삼배 올리고 삼귀의로 마치면 된다.

아침 저녁으로 늘 이렇게 하고 경전을 독송할 때는 빠르지도 느리지도 않게 일정한 속도로 해야 하며, 염불할 때는 구구절절 소리와 마음이 서로 의지하여 빡빡[澁]하지도 않고 빠르리지도[掉] 않으며 뜨지도[浮] 않고 가라앉지도[沈] 않게 염송해야 한다.

회향을 할 때에는 반드시 자신의 마음으로부터 진정한 대보리원(大菩提願)이 우러나와야 하며, 널리 모든 중생이 다 함께 극락에 태어나기를 발원해야 한다. 그러면서도 나의 마음에는 집착하는 바가 없어 마치 허공과 같아야 하며 단지 한 편의 문장을 읽는데 그쳐서는 안 된다.

염불할 때 가장 꺼리는 것은 급하고 촉박하게 서둘러서 단숨에 하루의 기도를 마치려는 것이다. 이것은 곧 대충대충 끝내려는 생각이므로 진정한 수행이라 할 수 없다. 만약에 여러 대승경전과 다라니 등을 독송하려면 차라리 따로 시간을 내어서 할지언정, 아침저녁의 기도에 뒤섞여서는 안 된다.(일이 바쁜 사람은 따로 논해야 한다.)

불상(佛像)은 비록 종이에 그려졌거나 나무로 조각되었더라도 마땅히 진짜 부처님과 똑같이 모셔야 하며, 아침저녁으로 참배하되 반드시 정성과 공경을 다해야 한다.

법당을 나올 때에도 문신(問訊: 합장하고 절함)하며, 들어갈 때도 문신을 해야 한다. 5리나 10리 밖에서도 항상 눈앞에 있듯이 하고, 마시고 먹을 것이 있거든 먼저 공양을 올려야 한다.

여래께서 열반하신 후 남아 있는 것은 오직 경전과 불상뿐이지만, 만약 흙이나 구리, 쇠로 빚고 나무로 깎아 만든 형상을 진짜 부처님으로 모신다면, 업장을 소멸하고 번뇌의 미혹을 깨뜨릴 수 있으며 삼매를 증득하여 생사를 벗어날 수 있다.

고인(古人)이 시에서 말씀하시기를, "종이에 그리고 나무로 조각하고 흙을 빚어 이루어졌지만 참 부처의 모습이 분명한데, 귀의는 다른 집 일이 아니며 복덕은 자신으로부터 생겨난다네. 모든 나무에 꽃이 피는 것은 땅이 따뜻하기 때문이요, 모든 강에 달이 비춰지는 것은 파도가 맑기 때문이다. 조석으로 항상 참례(參禮)하여 이와 같이 한다면 머문 곳마다 극락성으로 통하리다"고 하셨다.

눈길이 닿는 곳마다 입에서 나오는 말마다 부처가 아님이 없고, 언제 어디서나 항상 서방에 마음을 둔다면, 감응이 쉽게 이루어지고 근기와 경계가 쉽게 무르익는다.

법당을 꾸미는 방법으로는 부처님 한 분과 보살님 두 분[西方三聖]을 모시고, 경전·향로·책상과 의자를 각각 하나 이외에는 다른 물건은 놓지 않는 것이 가장 좋다. 마당은 깨끗이 청소하여 경행(經行)에 장애가 없도록 하고, 마음속에는 조금도 거리끼는 것이 없으며 온갖 걱정을 다 잊어 버려야 한다.

마음을 텅 비워 몸이 있는 줄도 모르고, 세상이 있는 줄도 모르며, 또한 내가 오늘 한 일이 수행이었다는 사실마저도 모른다면, 도(道)와는 날로 가까워지고 세속[世]과는 나날로 멀어질 것이며, 바야흐로 이 마음은 정업(淨業)으로 기울어지게 된다.

가령 우리가 평소에 모든 번뇌 망상을 깨끗이 던져버려 조금도 염두에 두지 않는다면, 죽음이 임박했을 때 소탈하여 자신의 몸과 집, 아들과 딸, 자손들을 애틋하게 그리워하지 않는 모습이 어찌 대장부의 거동이 아니겠는가?

염불 방법은 비록 각자 자신의 형편에 맞게 하여 꼭 한 가지 방법을 고집할 필요는 없지만, 정해진 기도 시간 외에 아침부터 저녁까지 염불을 잊지 말아야 한다. 혹 다른 일로 끊어졌을 때에는 하던 일이 끝나면 곧바로 염불을 해야 한다.

걷거나, 머물거나, 앉거나, 눕거나, 팔을 들어 숟가락을 집거나, 허리를 굽히거나, 돌리거나, 우러러 보거나, 수그리거나, 움직이거나, 정지하거나, 한가하거나, 바쁘거나, 언제 어디서나 이 한 구절 홍명(洪名: 나무아미타불)이 마음과 입을 떠나서는 안 되고, 한 글자 한 글자를 마음에다 착실하게 새겨 구구절절이 서방을 구하겠다는 마음으로부터 우러나와야 한다.

모름지기 정토 수행의 방법이 전(專)과 근(勤) 두 글자에서 벗어나지 않음을 명심해야 한다. 전(專)은 다른 일로 끊어지지 않는 것이고, 근(勤)은 잠시도 헛되이 보내지 않는 것이다. 이른바 집지명호(執持名號)란 곧 우리들이 이 부처님 명호를 마음속에 굳게 지녀서 잠시도 잊지 않는 것이다.

한 생각이 끊어지면 곧 집지가 아니요, 한 생각이 뒤섞여도 집지가 아니다. 반드시 생각과 생각이 서로 이어져 끊어지지 않고 뒤섞이지 않아야 하며, 언제나 어리석지도 어둡지 않으며, 산란하지도 혼침하지도 않아야 한다. 이렇게 염불한다면 곧 사일심(事一心)으로 향한 정진이라 할 수 있다.

만약 만법 자체가 다 진리이며 마음과 부처가 둘이 아니어서 이 염불하는 마음을 떠나서 따로 염송하는 부처가 없고 염송하는 부처를 떠나서 따로 염불하는 마음이 없다면, 마음 밖에 부처가 없고 부처 밖에 마음이 없으며, 부처가 곧 마음이고 마음이 곧 부처임을 알 수 있다.

이와 같이 중생과 부처가 둘이 아니고, 나와 남이 둘이 아니며, 정보(正報: 심신세계)와 의보(依報: 주변환경)도 둘이 아니고, 깨끗함과 더러움, 괴로움과 즐거움, 싫어하는 것[所厭]과 취하고 버림[取捨], 번뇌와 보리, 생사와 열반이 모두 평등하여 두 가지 모습이 없으며 한결같이 청정하다는 사실을 알 수 있다.

억지로 안배(安排)할 필요 없이 다만 여실(如實)하게 참구하여 극처(極處)에 이르러 자신의 본심과 홀연히 계합되었을 때 비로소 옷을 입고 밥을 먹는 것이 언제나 삼매이고, 기뻐서 웃고 화내며 욕하는 것도 불사(佛事)가 아님이 없으며, 일심(一心)과 난심(亂心)이 마침내 희론(戱論)임을 알게 되면 온종일 티끌만큼의 다른 모습[異相]을 찾아보려고 해도 찾을 수가 없다. 이처럼 분명하게 통달할 수 있으면 곧 이일심(理一心)으로 향한 정진이라 할 수 있다.

그러나 사일심(事一心)은 어려운 것 같지만 쉽고, 이일심(理一心)은 쉬운 것 같으면서도 어렵다는 것을 알아야 한다. 염불공부가 사일심(事一心)이 되면 틀림없이 왕생할 수 있으며, 아울러 이일심(理一心)이 되면 반드시 상품에 오를 것이다.

믿음과 발원이 진실하고 간절한 사람은 한 구절 명호를 집지하기만 하면 비록 참된 이치를 모를지라도 이미 정업(淨業)을 성취하였고, 품위가 비록 낮을지라도 틀림없이 왕생할 수 있다.

가장 꺼리는 것은 초심 때부터 염이무념(念而無念: 염불하면서 염불한다는 생각이 없음), 무념이념(無念而念: 비록 염불한다는 생각이 없지만 한 구절 명호가 뚜렷하게 나타남)과 같은 듣기 좋은 말만 하는 것이다. 이것은 공부가 절정에 이르렀을 때 저절로 나타나는 경계이므로, 만약 아직 절정에 이르지 못하고서 여기에 안착하게 되면 틀림없이 태만해지고 말 것이다.

그리고 경망한 지혜로 완공(頑空)에 빠져 자신의 마음도 깨닫지 못하고서 도리어 정토를 가볍게 얘기하고 왕생을 멸시하는 것은 그 해악이 더욱 더 크다. 이른바 활달공(豁達空)으로 인과를 무시하고 스스로 재앙을 자초하는 사람들은 절대 따라 배워서는 안 된다.

관법을 닦으려면 반드시 《관무량수경》의 16관법을 숙독하고 나서 차례로 점입(漸入)해야 한다. 마땅히 경문을 자세히 연구하고 나서 여법(如法)하게 닦아야 하며, 마음이 부처가 되고[是心作佛], 마음이 곧 부처[是心是佛]임을 반드시 알아야 한다. 마음이 청정하면 부처가 나타나며, 경계가 밖으로부터 오는 것이 아님을 깊이 알아야 하며, 모든 것이 오직 마음으로부터 나타나는 것[唯心所現]임을 알아 탐착하는 마음을 내어서는 안 된다.

 과연 이러한 경지까지 도달했다면 경계가 심묘(深妙)하면 할수록 마음은 더욱더 전일(專一)해지니, 관상(觀想)의 이익은 결코 적지 않다. 만약에 관하는 경계가 익숙하지 못하고 이치도 분명하지 않음에도 불구하고, 조급하고 망령된 마음으로 급히 경계가 나타나길 바란다면, 마음 전체가 망상이 되어 부처님과도 마음과도 서로 감응을 얻지 못하나니, 그 결과는 남에게 물어볼 필요조차 없다.

 그래서 선도화상께서, "말법시대의 중생은 정신과 의식이 흩날리고, 마음은 거칠고 경계는 세밀하여 관법을 성취하기 어렵다. 그래서 거룩한 성인께서 자비와 연민을 베푸시어 오로지 나무아미타불 명호만 지송하기를 특별히 권하셨다. 명호는 부르기가 쉽기 때문에 염불이 이어지기만 하면 곧 왕생할 수 있다"고 말씀하신 것이다.

 이는 혹시라도 마음을 잘못 써서 마경(魔境)에 빠져들지 않을까 깊이 염려했기 때문이다. 그러므로 수행자는 스스로 자신의 근기를 헤아릴 줄 알아야 한다.

9. 염불을 권장함 [勸進]

 염불은 본래 세속 티끌을 등지고 깨달음과 합쳐서[背塵合覺] 본원으로 되돌아가는[返本歸元] 최고의 미묘한 법문이긴 하지만, 재가불자의 경우에는 더욱 더 친밀하고 절실하다. 재가불자들은 몸이 세속의 그물 속에 있으면서 수많은 사무에 시달리기 때문에 마음을 가라앉혀 참선을 하거나 고요한 방에서 경전을 독송할 시간과 마음의 여유가 없다.

 오직 염불법문만이 가장 편리하고 적합하여 아침저녁 부처님 전에 자신의 분수와 능력에 따라 예배드리고 염불하며 회향 발원하면 된다. 이 밖에 걷거나, 머무르거나, 앉거나, 눕거나, 말하거나, 침묵하거나, 옷을 입거나, 밥을 먹거나 등 언제 어디서나 구애받지 않고 염불할 수 있다. (다만 잠을 자거나 목욕할 때, 그리고 깨끗하지 못한 곳에서는 염불할 수 있으며, 다만 소리를 내지 않고 묵묵히 염송하면 된다.)

 진실로 무상(無常)함을 절실하게 느껴 마음 씀이 진실하고 간절하다면, 공적이나 사적인 일을 할 때나 어느 곳에서나 사람들과 교제할 때나 시끄럽거나, 조용하거나, 바쁘거나, 한가하거나, 괴롭거나, 즐겁거나, 역경이거나, 순경이거나 모두 상관없이 염불에 방해가 되지 않는다.

옛 사람의 말씀에,
"대나무가 빽빽하지만 흐르는 물을 가로막지 못하고
[竹密不妨流水過],
 산이 높다고 어찌 떠도는 구름을 방해하랴!
[山高豈碍白雲飛]"하셨다.

생사를 해결하겠다는 그대의 마음이 진실하다면 꿈속에서라도 염불을 잊어버리지 않을 수 있다. 힘이 조금 부족하고 세상과 인연이 좀 많은 사람일지라도 반드시 바쁜 와중에도 짬을 내어 하루라도 헛되이 보내서는 안 된다.

설령 바빠서 잠깐의 여유가 없을 경우에도 매일 아침 십념염불을 해야 한다. 이렇게 염불을 오랜 시간 하다보면 공덕이 쌓이고 정업이 이루어져 결코 헛되이 버려지지 않는다. (십념염불이란 연달아 부처님 명호를 부르되, 한 호흡이 다할 때까지가 일념이고, 이렇게 열 번 하는 것이 십념이다. 호흡이 길고 짧음에 따라 염불 숫자는 제한하지 않는다. 길게 오래할수록 좋으며 숨이 다 찰 때까지를 기준으로 한다. 이 뜻은 호흡을 빌려 마음을 묶어 산란해지지 않게 하기 위함인데, 이 법은 눈코 뜰 새 없이 바쁜 사람들을 위해 세운 방편이다.)

처음 염불을 시작한 사람이 겨우 부처님 명호를 마음속에 두자마자 쓸데없는 생각과 망상이 더욱 들끓는 것을 느끼면, 이는 곧 염불이 마음을 다스리지 못했음을 말한다. 이것은 우리들이 무량겁 이래 생사의 뿌리를 어떻게 해야 단박에 끊을 수 있는지를 모르기 때문이다.
아직 삼매를 몸소 증득하지 못한 사람 가운데 어느 누가 망념이 없겠는가? 온갖 생각이 어지러이 날릴 때가 바로 공부를 할 시절이다. 마음을 거두면 흐트러지고, 흩어지면 바로 거두어 들이고, 이렇게 오래 지속하다보면 염불공부가 익숙해져서 자연히 망념이 차츰차츰 줄어들게 된다. 게다가 우리가 망념이 많다고 느낄 수 있는 것도 다 염불의 덕택인 것이다.

만약 염불을 하지 않았다면 망념이 마치 조수처럼 밀려들고 물결이 파도치듯이 찰나도 머물지 않는다는 것을 어떻게 느낄 수 있겠는가? 그러므로 망념은 병이고 염불은 약인 것이다. 오래된 병은 소량의 약으로는 치유될 수 없고, 쌓여진 망념 또한 잠시의 염불로는 제거할 수 없다.

우선 망념이 어지러이 날리는 것을 상관 말고 오직 소중한 것은 염불이 순일(純一)하고 간절한 것이다. 우리가 기왕 근심과 걱정을 끊고 세상의 잡다한 인연을 다 잊지 못하는 이상, 생각으로 생각을 공격하는 것이 가장 좋은 방법이다. 즉, 생각과 인연을 빌어 수행정진 하는 것이다.

한번 부처님 명호를 불러 백 천만 억이나 되는 잡념과 바꿔치기 하는데, 어찌 심묘(甚妙)하지 아니한가? 이것은 곧 출세간의 생각으로 세간의 생각을 바꾸는 것이고, 공덕의 생각으로 죄업의 생각을 바꾸는 것이며, 해탈의 생각으로 속박의 생각을 바꾸는 것이고, 안락(安樂)의 생각으로 위험한 생각을 바꾸는 것인데, 그야말로 쐐기로서 쐐기를 뽑는 것이다.
마치 솜씨가 뛰어난 장인이 대들보를 훔쳐내고 기둥으로 바꾸어 넣는 것과 같아 중생들의 잡념을 녹여 없애고 도태시켜서 습기(習氣)가 점차 녹아버리고 마음의 빛이 점차 드러나며 본분을 점차 증득하여 염불한다는 한 생각마저 어디에도 없는 고향으로 돌아갈 때(간데 온데 없이 다 사라질 때) 자연히 저 부처님과 나란히 손을 잡고 함께 거닐며 같은 콧구멍으로 숨을 쉬게 될 것이다.

경전에 『지극한 마음으로 아미타불 한 번 부르면 80억겁의 생사중죄가 소멸된다』고 말씀하셨다. 그러니 자신의 죄업이 깊음을 의심할 필요가 없다.

또 고덕(古德)의 말씀에, "오직 지름길로 수행하려면 다만 아미타불을 염송해야 한다" 하셨다.
그러니 마찬가지로 자신의 근기가 둔함을 의심할 필요도 없다.

오히려 가장 꺼리는 것은, "나는 지금 많이 바쁘니 틈이 날 때를 기다려 보자, 나는 지금 가난하니 풍족해지고 나서보자, 혹은 내가 아직 젊으니까 늙어서 보자"라고 하는 말들이다. 만약에 늘 바쁘다고 하거나 늘 가난하다고 하거나 혹은 젊어서 요절한다면 염불할 기회조차 없지 않은가?

옛 사람들의 말씀에, "몇 편의 시문(時文: 옛날 과거시험에 쓰이던 글), 몇 급의 관위(官位), 몇 상자의 금과 비단, 몇 가구의 주택, 몇 묘의 전원(田園), 몇 명의 아리따운 처와 첩, 한바탕 진실이 없고 요긴하지도 않은 쓸데없는 시시비비, 사람마다 여기에서 일생이 매몰되고 저마다 하나의 과구(窠臼: 기존의 생활패턴)를 내세워서 한바탕 허망하게 살다가 벌써 세상을 떠나 버렸네" 라고 하셨다.

요즘에는 시문을 하는 풍토는 이미 사라지고 없지만, 이 과구는 여전히 비슷하다. 세상 사람들이 염불할 때 진실하고 간절하지 못한 이유는 이 「생사(生死)」 두 글자를 가볍고 소홀히 여기기 때문이다. 그래서 일생을 분주하게 살면서 생명은 허공 속으로 던져 버린 채 자신과는 전혀 무관한 일처럼 생각한다. 설령 당장 탄식하거나 잠깐 동안 소름이 끼치더라도 시간이 지나고 나면 여전히 취생몽사(醉生夢死)의 생활을 한다.

옛날에 어느 스님이 속가의 친구를 보러 가서 생사의 일이 크니 빨리 염불을 해야 한다고 권유하자, 그 친구는 아직 세 가지 일이 남아 있다면서 사양하였다.

스님이 그게 무슨 말이냐고 묻자 친구는, "부모님이 살아 계시고, 아들 딸이 장가와 시집을 가지 못했다"고 대답했다.
스님이 떠나고 난 후 얼마 지나지 않아 속가의 친구가 갑작스레 세상을 떠났다.

스님은 조문을 가서 이런 시를 지었다.

내 친구 이름은 장조류,
염불을 권하니 세 가지를 얘기하네.
괴상한 염라대왕 알지도 못하면서
세 가지 일 채 끝나기도 전에 데리러 오는구나.

이 말은 비록 쉽고 통속적이지만, 우리의 속된 마음을 크게 일깨워 준다.

사형수가 살기를 바라는 것은 비록 너무 늦기는 했지만, 우리들과 비교하면 그래도 빠른 편이다. 왜냐면 그에게는 죽을 날이 정해져 있어 그날이 오기 하루 전이라도 두루 손을 쓸 수 있지만, 우리들은 삼계의 감옥 속에서 매년 죽을 수 있고, 매월 죽을 수 있으며, 매일 죽을 수 있고, 시시각각 죽을 수 있기 때문이다. 천한 사람도 죽고 귀한 사람도 죽으며, 늙은 사람도 죽고 젊은 사람도 죽으며, 악한 사람도 죽고 착한 사람도 죽는다.

죽음에는 공훈(功勳)이 있고 없음을 따지지도 않고, 덕이 있고 없음을 따지지도 않고, 나이가 많고 적음도 따지지 않는다. 그저 한 숨이 끊어지면 곧 지금과 옛날로 갈라질 뿐이다.

만약 일찍부터 손을 쓰지 않고 잠시 일각(一刻)을 기다리다가 만에 하나 이 일각에 죽음이 들이닥친다면 어찌 허둥대지 않겠는가?

세상 사람들은 사소한 일에도 잘만 따지면서 어찌하여 이런 부분에 대해서는 따지려 들지 않는가?

사람의 목숨은 들숨과 날숨 사이에 있으니, 시간이 곧 생명임을 꼭 알아야 한다. 천념(千念)과 만념(萬念)을 막론하고 오로지 소중한 것은 지금 염송하고 있는 이 한 구절(나무아미타불)인데, 이것이 왕생의 바른 원인[正因]이기 때문이다.

이 마음이 과거에 연연하지 않고 미래에도 연연하지 않으며 오로지 지금 염송하고 있는 한 구절(나무아미타불)에만 집중한다면, 바로 사일심(事一心)이며 반드시 왕생할 수 있다. 만약 오래오래 순수하고 익숙해져서 그 한 생각도 벗어 버린다면 곧 이일심(理一心)에 들어서 왕생의 품위(品位)가 틀림없이 높아질 것이다.

과연 믿음과 발원이 견고한 사람은 하루 염불하면 하루 왕생하고, 매일 염불하면 매일 왕생하니, 언제든지 목숨이 끊어지면 곧장 정토왕생하게 된다. 모름지기 염불법문은 방자하고 오만한 지견을 버릴 수 있어야만 비로소 이익을 얻을 수 있으며, 설사 그 사람의 지혜가 성현과 같을 지라도 마땅히 안중에 두지 말아야 한다.

진실로 극락세계에 왕생하려 해야 하고, 진실로 생사를 대적하려 해야지, 말로만 끝내려 해서는 안 된다. 반드시 착실하게 요긴한 일로 생각하고 수행해야 한다. 만약에 반쯤 나아갔다 반쯤 물러나거나, 믿었다가 의심하거나, 또는 경전을 독송했다가, 법회도 열었다가, 또 요긴하지도 않은 선(禪)을 얘기하기를 좋아한다던가, 또는 길흉화복을 얘기한다던가, 신을 보고 귀신을 보았다는 말을 하거나 한다면, 죽음에 이르러서 과연 무슨 쓸모가 있겠으며, 어떻게 윤회에서 벗어날 수 있겠는가.

잠시 3장12부(三藏十二部)를 다른 사람에게 양보하여 깨닫게 하고, 팔만사천법문(八萬四千法門)도 다른 사람들에게 양보하여 닦도록 하며, 그가 알거나 모르거나, 혹은 견성을 하였거나 하지 않았거나 일절 상관 말고 오로지 한 구절 아미타불만 기억하며 염송하여 잊어버리지 않고, 마치 수미산에 기대어 있는 것처럼 아무리 흔들어도 움직이지 않아야 한다.

생각생각[念念]이 항상 눈앞에 나타나고, 생각생각[念念]이 이 마음을 떠나지 않으며, 일이 있거나 없거나 이렇게 염송하고, 편안하고 즐거워도 이렇게 염송하고, 병으로 괴로워도 이렇게 염송하며, 살아서도 죽어서도 이렇게 염송해야한다.

오로지 이 한 구절 부처님 명호를 자신의 본명원진(本命元辰)으로 생각하고 맹세코 왕생을 구해야 한다. 사람들이 죽음으로 핍박하며 습관(염불)을 바꾸라고 할지라도 절대로 그들의 말을 따라서는 안 된다. 오직 이렇게 한 생각이 분명하여 어둡지 않다면 새삼스레 사람들에게 귀로(歸路)를 물을 필요가 있겠는가?

대체로 진심으로 염불하는 사람은 기뻐하거나 번뇌하는 가운데서 틀림없이 생각생각[念念]이 끊이지 않는다. 이에 번뇌도 그 사람을 움직이지 못하고 즐거움도 그를 움직이지 못한다. 번뇌와 즐거움이 이미 움직이지 못하는 이상, 생사의 경계 속에서도 자연히 놀라거나 두려워하지 않을 것이다.

만약에 약간의 기쁘거나 화나는 경계가 나타났을 때, 곧 아미타불을 머리 뒤로 던져 버린다면, 어떻게 염불의 영험을 얻을 수 있겠는가? 그러므로 염불하는 마음이 진실한지 진실하지 않은지 알려면 기쁨과 번뇌 속에서 그 증거를 찾으면 된다.
만약 염불이 기쁨과 번뇌 속에서 주인이 될 수 있다면 병고(病苦) 중에서도 주인이 될 수 있고, 병고 중에서도 주인이 될 수 있다면 임종 시에는 갈 곳을 분명하게 알 수 있을 것이다.

평소에 공덕과 수행을 쌓고 애착을 버리고 시비를 끊는 까닭은 임종을 위해 사전에 미리 준비하는 것이다. 공덕과 수행은 물론 평소에 쌓아야 하지만, 가장 요긴할 때는 최후이다.

예전에는 헛되이 시간을 낭비했지만
이쯤에 이르러서는 시간을 지체할 수 없다.
예전에는 미혹에 빠졌지만
이쯤에 이르러서는 흐리멍덩해서는 안 된다.
예전의 겉치레는
이쯤에 이르러서는 더 이상 구실로 삼을 수 없으며,
예전의 갈림길은
이쯤에 이르러서는 더 이상 배회할 수 없다.

오직 방촌(方寸: 마음) 가운데 영명(靈明: 신령하고 밝음)의 작용이지만, 깨어나면 연화대가 즉시 나타나고, 혼미하면 육도(六道)와 삼도(三途)에 몫이 있게 된다. 청정과 더러움이 순식간에 서로 엇갈리니 얼마나 위험한가!

궁극적으로 왕생의 요결(要訣)을 장악하는 데에는 일심정념(一心正念) 이 네 글자 밖에 없다. 염불하는 사람들을 만나보면 그들은 평소에는 전부 정토왕생을 원한다고 말하지만, 임종이 되었을 때 갑자기 마음이 혼란스러워져 죽음을 두려워하고 방황을 한다. 한 생각의 실수로 역겁(歷劫)을 윤회해야 하니, 어찌 처음의 마음[初心]과 크게 어긋난 것이 아니겠는가?

질병이 생기자마자 응당 몸과 마음을 편안하게 하고 의심하고 걱정하는 마음을 내지 말며, 반드시 서방을 향하여 정념(正念)을 일으켜 일심으로 칭명해야 한다. 마땅히 이 몸은 괴로움이 많음을 생각하여 이 고통의 세계를 벗어나 정토에 왕생하여 한량없는 쾌락을 받는다면 얼마나 흡족할 만한 일인가?

마치 다 헤어진 옷을 벗어 던지고 진귀한 옷을 갈아입는 것과 같은데, 어느 누가 아직도 다 헤어진 이 옷에 미련을 두겠는가?

그러기 위해 우선 집안 식구들과 병문안을 온 사람들에게 부탁해야한다.
"내 앞에 와서는 절대 눈앞의 잡다한 얘기들을 한다든지, 부드러운 말로 위로를 하고 건강을 축원한다든지 해서는 안 된다. 이런 것들은 전부 겉치레일 뿐 아무 이익도 없는 말들이다."

만약 환자의 병이 깊어져 숨을 거두려 한다면 친속들은 모두 마땅히 조념(助念)을 해야 하지만, 슬픈 표정을 짓거나 또는 눈물을 흘리고 울어서는 안 되며 몸을 움직이거나 옷을 갈아 입혀서도 안 된다. 숨이 끊어지고 난 후에도 곧바로 울거나 움직이지 말아야 한다. 8시간이 지나기를 기다려서 온몸이 완전히 차가워진 후에야 비로소 울거나 옮겨야 한다.
(숨은 끊어졌으나 몸이 아직 차갑게 식지 않았을 때는 신식(神識: 중음신, 아뢰야식)이 몸을 떠나지 않은 것으로서 아직 느낌이 있어 만약 우는 소리를 듣거나 혹은 몸을 만지거나 움직이면 슬픈 마음이 생기고 혹은 번뇌가 일어나 극락왕생이 어려울 뿐만 아니라 나쁜 곳[惡道]에 떨어질 수도 있다. 절대 죽은 자의 고통을 불쌍히 여기지 않고 단지 빨리 일을 끝내려 한다거나, 잔인한 마음으로 이치를 해치고 일부러 참혹한 독약을 베풀어서는 안 된다. 이러한 것은 대단히 중요하기 때문에 내가 《칙종진량(飭終津梁)》이란 책을 편집하여 전문적으로 이 일을

다루었다.)

　능히 이렇게 할 수 있어야만 비로소 천번 만번 가장 온당한 방법이라 할 수 있다.

이 사바세계에서는 수행하면서 도道에 정진하기가 정말로 어렵거니와, 저 극락정토에 왕생하면 부처님 되기가 참으로 쉽습니다. 거기서는 부처님 되기가 쉽기 때문에 단 한 번의 생애에 뜻을 이룰 수 있지만, 여기 사바세계에서는 정진하기도 어려운 까닭에 오랜 겁을 지나도 도道를 이루지 못합니다. 이런 까닭에 우리보다 앞서 오신 성현들께서 누구나 한결같이 극락정토를 향해 가셨으며, 천 가지 경전과 만 가지 논설이 모두 도처에서 극락왕생을 지시하고 계십니다. 말세의 수행으로는 이보다 나은 법문이 결코 없기 때문입니다.
- 성암省庵대사

10. 보리심을 일으킴 [發心]

《관무량수경》에, 『저 나라에 태어나고자 한다면 마땅히 세 가지 복[三福]을 닦아야 한다.

첫째, 부모를 효도로써 봉양하고 스승을 받들어 섬기며, 자비로운 마음으로 살생을 하지 않고 10가지 착한 업을 닦아야 한다.

둘째, 삼귀의를 받아 지니고 모든 계를 갖추어서 위의(威儀)를 범하지 말아야 한다. (삼귀의란 불·법·승 삼보에 귀의하는 것이며, 귀의한 후로는 다시는 외도에 귀의하지 말아야 한다. 계에는 여러 가지가 있으며, 재가자들은 오계를 지켜야 한다. 곧 불살생, 불투도, 불사음, 불망어, 불음주이다. 또 팔계와 보살계 등이 있다.)

셋째, 보리심을 발하고 인과(因果: 염불이 인이고 성불이 과이다)를 깊이 믿어야 하며, 대승경전을 독송하고 수행자에게 권진(勸進)해야 한다. 이 세 가지 일을 정업(淨業)이라 이름 한다.』

정업 가운데 첫 번째로 부모에게 효도하고 봉양하는 것을 둔 것을 생각해보아도 얼마나 중요한지 알 수 있다. 진실로 부모의 은혜가 깊어 세간의 복밭[福田]의 극치이기 때문이다. 그래서 경전에서는 부모에게 공양 올리는 공덕이 일생보처보살에게 공양을 올리는 것과 같다고 하셨으니, 정업을 닦는 사람들은 윤리강상(倫理綱常)의 도에 대해 소홀히 해서는 안 됨을 알 수 있다.

우리는 또 살생·투도·사음은 신삼업(身三業)이고, 망어·기어·양설·악구는 구사업(口四業)이며, 탐욕·진에·사견(邪見 또는 愚癡)은 의삼업(意三業)임을 알아야 한다. 또 범(犯)하고 지니지[持] 않음이 십악(十惡)이고, 지니면서 범하지 않는 것이 십선(十善)임을 알아야 한다. 십선을 닦는 사람은 신구의(身口意) 삼업이 저절로 청정해져 정토업과 상응(相應)할 수 있다.

종합하여 논하자면, 지금 정토왕생을 하고자 한다면 오로지 염불을 바른 수행[正行]으로 삼아야 하며, 한 걸음 더 나아가 공양, 지계, 보시, 작복(作福), 그리고 세상과 사람들에게 유익한 일은 크고 작고, 많고 적고를 막론하고 언제 어디서나 전부 서방 극락세계로 회향해야 한다. 즉 사람들에게 물 한잔을 주거나 혹은 돈 한 푼을 주더라도 반드시 마음속으로, "이 착한 인연[善緣]을 극락으로 회향하옵고 서방에 태어나기를 발원하나이다"라고 발원해야 한다.

이렇게 온갖 선행을 수희회향(隨喜回向)할 뿐만 아니라, 설령 한때 관조(觀照)를 놓쳐 우연히 악한 생각[惡念]이나 악한 행위[惡行]가 일어날지라도 반드시 참회회향(懺悔回向)해야 한다.

일념이 항상 끊어지지 않고 자나 깨나 극락을 생각하여 정토와의 인연이 무르익게 되면, 임종 시에 왕생을 하는 것은 곧 가벼운 수레로 낯익은 길을 달리는 것과 같아 조금도 장애가 없다. 그러나 단지 염불의 공덕만 서방으로 회향하고 그 외의 공덕은 따로 세간복보(世間福報)에 회향하게 되면, 마음이 하나로 통일되지 않아 왕생하기가 어렵다.

감산(憨山)대사께서 사람들에게 한편으로는 염불하고 또 한편으로는 생사의 뿌리를 증장시켜서는 안 된다고 여러 차례 경계하신 것도 바로 이러한 연유(緣由)에서 였다.

그리고 나만 이고득락(離苦得樂: 고통을 여의고 즐거움을 얻음)하고, 나만 사예취정(捨穢取淨: 더러움을 버리고 청정을 취함)을 바라는 것은 성문과 연각의 원인이며, 그 원(願)은 몹시 편협하다. 반드시 위없는 보리심을 내어 널리 모든 중생들로 하여금 이고득락하고 모든 중생들로 하여금 사예취정하게 해야 한다.

비록 정토에 태어났지만 사바세계를 버리지 않았고, 비록 사바세계에 살고 있지만 중생들과 더불어 극락왕생을 발원해야 한다. 이런 원을 바른 원[正願]이라 하고, 또는 큰 원[宏願]이라 하며, 또는 위없는 원[無上願]이라 말한다.

연지대사의 발원회향문은 고금에 가장 완벽하고 훌륭한 작품이다.

처음 시작 부분에 보면,
『네 가지 은혜 끼친 이와 삼계 중생을 위해 부처님의 위없는 도를 이루려는 정성으로 아미타불의 거룩하신 명호를 불러 극락세계에 왕생하기를 원하나이다』하시고,
결말에 이르러서는,
『온갖 공덕을 원만하게 갖추고 나서 극락세계를 떠나지 아니하고, 사바세계에 다시 돌아와 한량없는 분신(分身)으로 시방세계에 다니면서 여러 가지 신통력과 갖가지 방편으로 무량중생 제도하여 삼독번뇌 여의옵고, 청정한 본심으로 극락세계 함

께 가서 물러나지 않는 자리에 들게 하여 지이다. 세계가 끝이 없고 중생이 끝이 없고 번뇌업장 또한 끝이 없사오니, 이내 서원도 끝이 없나이다. 저희들이 지금 예배하고 발원하여 닦아 지닌 공덕을 온갖 중생에게 두루 베풀어 네 가지 은혜 골고루 갚사옵고, 삼계 중생을 모두 제도하여 다 같이 일체종지를 이루게 하여 지이다』라고 하셨다.

여기에서 중요한 것은 내가 생사가 있으므로 내가 벗어나기를 바라지만, 일체 중생이 모두 생사가 있으므로 모두 벗어나길 바라는 것이다. 나와 중생의 본체(本體)는 본래 하나이고, 모두가 다생겁 이래의 부모이고 미래의 부처님이시다.

한걸음 더 나아가서 우리들은 석가세존과 미타여래께서 무량겁 이래부터 우리와 같은 중생을 위하여 목숨마저 아끼지 않으시고 부지런히 행하기 힘든 고행을 닦으시고 위없는 깨달음을 원만하게 성취하셨음을 볼 수 있다.

한 분은 사바세계로 강림하셔서 정각(正覺)을 이루심을 보여주셨고, 더러움과 고통으로 우리들을 조복시켰고, 우리들을 일깨워 주셨다.
또 한 분은 극락세계에 편안히 계시면서 광명으로 시방세계를 비추며 청정과 즐거움으로 우리들을 거두어들이고 우리들을 이끌어 주신다.

수행자가 만약 자신의 이익과 즐거움만 생각하고 중생들을 전제(前提)로 하지 않는다면, 부처님이 널리 중생들을 건지시려는 본래 회포와 어긋날 뿐만 아니라, 또한 부처님이 거두어 주

제3부. 불법도론

시는 무거운 은혜를 저 버리는 것이다. 이렇게 되면 밖으로는 부처님과 감응이 통하지 못하고, 안으로는 자신의 본래 성품[本性]과도 계합하지 못하며, 위로는 불도를 원만히 성취할 수 없고, 아래로는 널리 뭇 중생들에게 이익을 줄 수 없다.

또한 시작 없는 옛적부터의 은혜와 원한에서 해탈할 수 없고, 한량없는 세월동안 쌓아온 죄업도 참회하여 제거하기 어려우며, 여러 생의 선근(善根)도 성숙하기 어렵다. 그러므로 반드시 성품에 걸맞는 큰 보리심을 일으켜야 한다.

철오(徹悟)선사께서는 일찍이,

"진정으로 생사를 위해 보리심을 내고
[眞爲生死 發菩提心],
깊은 믿음과 발원으로 부처님 명호를 지송하라
[以深信願 持佛名號]"고 말씀하셨다.

이 16글자는 염불 법문의 큰 강령(綱領)이자 종지(宗旨)이다.

여러 불자님 들이시여!
이 말씀을 꼭 기억하시고 앞날을 위해 열심히 정진합시다.

나무아미타불 나무아미타불 나무아미타불

바라옵건대 이 공덕으로[願以此功德]
불국토를 장엄하겠나이다[莊嚴佛國土]
위로는 네 가지 은혜를 갚고 [上報四重恩]
아래로는 삼도의 고통을 건지며[下濟三途苦]
만약 보고 듣는 이가 있다면 [若有見聞者]
모두 보리심을 내어[悉發菩提心]
이한 목숨 다하는 순간[盡此一報身]
다함께 극락에 태어날지어다[同生極樂國]

제3부. 불법도론

※ 이원정李圓淨 거사

  중국 근현대의 거사이고, 본명은 이영상(榮祥, 1900?-1952 혹은 1950)이다. 광동(廣東) 광주(廣州) 혹은 절강(浙江)사람으로, 오랫동안 상해에 거주했다. 거기서 상해 부단대학(復旦大學) 문과를 졸업했는데, 천성이 불교 공부하기를 좋아했다.

  처음에는 제한대사(諦閑大師, 1858-1932, 천태종 43세)께 귀의하였고, 뒤에는 인광대사(印光大師, 1861-1940, 정토종 13조)의 슬하에서 오로지 정토를 수행했다. 거사는 특히 관세음보살님에 대한 신앙이 돈독했다. 그런데 거사의 불교연구 범위와 이해는 정토 한 분야에 한정되지 않고, 불교 전반에 걸친 매우 광범위한 것이어서 〈법화경〉, 〈화엄경〉, 〈능엄경〉, 〈범망경〉 등과 같은 대승경전들을 마음 깊이 연구하지 않는 것이 없었다.

  1934년에는 막우산(莫干山: 절강에 있는 산)의 산기슭에 '견월산방(見月山房)'을 짓고 황유희(黃幼希) 거사를 도반삼아 함께 지냈다. 뒤에 서울려(徐蔚呂) 거사의 청에 응하여 그와 함께 〈화엄경소초회본(華嚴經疏鈔會本)〉을 편찬했다. 1939년에는 상해에서 열린 '〈화엄경소초〉 편인회(編印會, 편찬인쇄 모임)'에 동참하여 상무이사로 뽑혔다.

  1943년에는 '〈보혜대장경(普慧大藏經)〉 간인회(刊印會, 간행인쇄 모임)'에 동참하여 편찬 일을 담당했다. 중일전쟁 승리 후에 '보혜대장경 간인회'가 '민국증수대장경회(民國增修大藏經會)'로 개편되면서 주요책임자로 뽑혔다.

거사의 저술은 매우 많은데, 정토와 관련된 주요저작은 〈불법도론〉과 〈칙종진량(飭終津梁, 임종에 대비하는 입문서)〉과 〈불법정토편(佛法淨土篇)〉이다. 이 중에서 특히 〈불법도론〉은 1936년에 초판이 나온 이래로 항상 재판을 찍었으며, 초학자를 위한 아주 좋은 염불법 문서이다.

또한 서울려 거사가 1918년에 펴낸 〈인광대사 문초〉를 보고 환희심을 이기지 못하여 마침내 1927년에 〈문초〉의 중요한 내용을 간추려 부문별로 분류하여 〈인광대사가 언록〉을 출간하였다.

그 외의 저서로는 〈법화경 관세음보살보문품 해석〉, 〈범망경보살계본 해석〉, 〈화엄경소초 과문표해〉, 〈능엄경 백화강요〉, 〈지장보살 감응록〉, 〈관세음보살 영감록〉 등이 있다.

* **서울려**(徐蔚呂, 1878-1937) : 제한대사와 인광대사의 재가제자. 인광대사의 편지설법을 모은 〈인광대사 문초〉를 펴내고, 양인산(楊仁山) 거사가 금릉각경처(金陵刻經處)를 세울 때 자금을 제공했으며, 북경각경처, 천진각경처 등을 설립하여 불서보급에 앞장섰다.

* **〈인광대사가언록〉** : 보적 김지수 교수에 의해 〈화두 놓고 염불하세〉(불광출판사)란 이름으로 우리말로 번역되었다.

제3부. 불법도론

원정거사에 대한 소개는 임극지의 〈정토종사전〉(북경: 종교문화출판사)과 진화법사의 〈중국불교인명대사전〉(상해사서출판사), 그리고 〈화두놓고 염불하세〉(불광출판사)의 인광대사 중판서문 가운데서 정리한 것이다.

무병한 사람은 몸이 건강하니 염불하기 좋고,
병 있는 사람은 죽을 때가 가까운 줄 아니까 염불하기 좋고,
한가한 사람은 마음이 번거롭지 아니하니 염불하기 좋고,
바쁜 사람은 바쁜 중에라도 틈을 탈 수 있으니 염불하기 좋고,
출가한 사람은 세간을 뛰어 났으니 염불하기 좋고,
집에 있는 사람은 이 세계가 화택(火宅)인 줄을 아니 염불하기 좋고,
총명한 사람은 정토 일을 잘 아니 염불하기 좋고,
어리석은 사람은 별로 능한 것이 없으니 염불하기 좋고,
계행을 가지는 사람은 계행이 불법이니 염불하기 좋고,
경을 읽는 사람은 경이 부처님의 말씀이니 염불하기 좋고,
참선하는 사람은 선(禪)이 부처님의 마음이니 염불하기 좋고,
깨달은 사람은 불도를 증(證)하였으니 염불하기 좋은 것이다.
(연지대사)
- 연종집요

제3부. 불법도론

西方三聖-彌陀接引圖

제4부.
염불론念佛論

담산사(湛山寺)의 담허(倓虛)대사께서 처음 불교를 배우는 이들을 위해 설한 간략한 설명. 1950년 담허대사께서 홍콩의 화남학불원(華南學佛院)에서 강의하신 것을 제자인 대광(大光)이란 분이 기록한 것입니다.

1. 종파불교의 발생

인도에서부터 발원(發源)한 불법(佛法)은 중국에 전해지며 전 세계로 퍼져 나가게 됩니다. 불법의 목적은 자신의 마음을 깨달아 괴로움을 여의고 즐거움을 얻는데[離苦得樂] 있지요.

'부처'란 용어는 깨달음을 뜻하는데, 자신만 깨닫는 것이 아니라 남도 깨닫게 해주며[自覺覺他][1], 깨달음에 대한 실천수행이 원만해지신[覺行圓滿] 분을 '부처님'이라 말합니다.

또한 부처님은 자비를 근본으로 삼는데, 자(慈)는 중생에게 즐거움을 줄 수 있고, 비(悲)는 중생들의 고통을 없애줄 수 있기 때문입니다.

부처님께서 이 세상에 출현하시어 49년 동안 설법하신 내용을 후세의 제자들이 결집하여 3장 12부가 되었는데, 이는 중생

---

[1] 자각(自覺)은 소승이며, 오직 자신만이 잘 되기를 바라는 것이고, 각타(覺他)는 보살인데 자비심이 있어 자발적으로 중생들을 교화하며 청하지 않는 벗[不請之友]이 되어 준다. 그리고 각행원만(覺行圓滿)은 부처님이시다. 원만하다는 것은 제도한 중생들의 숫자를 말하는 것이 아니라 마음[心性]을 두고 하는 얘기이다. 우리들의 마음속에는 세 가지 번뇌가 있는데, 첫째는 견사(見思)번뇌이고, 둘째는 진사(塵沙)번뇌이며, 셋째는 무명(無明)번뇌이다. 스스로 깨달은[自覺] 자는 견사번뇌를 끊었으며, 남을 깨닫게 하는[覺他] 자는 아울러 진사번뇌를 제거하였는데, 스스로도 실천하고 중생교화도 할 수 있다. 견사·진사·무명 이 세 가지 번뇌를 완전히 제거하여 공덕이 원만해지면[覺行圓滿] 곧 부처가 된다.

들의 근기가 다 똑같지 않았으므로 근기에 따른 가르침 또한 다를 수밖에 없었지요.

불법(佛法)이 중국으로 전해진 후 3장 12부 중에서 대략 선종[宗], 교종[敎], 율종[律], 밀종[密], 정토종[淨] 등 다섯 개의 종파로 나눠지게 됩니다.

그런데 이것은 부처님께서 특별히 5대 종으로 나눈 것이 아니며, 경전 속에서도 무슨 종 무슨 파를 전혀 찾아 볼 수 없습니다. 다만 중생의 근기에 맞추기 위해, 뒷사람이 앞사람이 공부한 바를 계승한 결과 자연스럽게 다섯 가지 큰 종파[宗]로 형성된 것뿐입니다.

이 오대 종파 가운데 선종[宗門]은 교외별전(敎外別傳)으로, 오로지 참선을 통하여 곧장 마음을 가리켜 참 성품을 보아 부처님이 되는 것이고[直指人心 見性成佛], 교종(敎宗)은 먼저 깨달은 다음 수행하고, 수행을 통하여 진리를 증득해 가는 것입니다.

율종(律宗)에서는 오로지 부처님의 청정한 계율을 지키는데, 우선 몸을 단속하고, 그 다음 마음을 거두어들입니다. 계율에는 5계, 10계, 250계, 보살계, 삼취정계(三聚淨戒) 등이 있으며, 청정한 계율을 엄격히 지킴으로써, 계(戒)로 말미암아 선정이 생기고, 선정으로 인해서 지혜가 생기게 됩니다.

밀종(密宗)은 의식(儀式)을 중시하며, 반드시 삼밀(三密: 신·구·의)이 상응해야 하지요. 위의 4가지 종파를 비교해 살펴보면 처음 수행하는데 있어 어려운 점들이 약간씩 있습니다.

오직 정토종(淨土宗)만이 가장 간편하고 직접적인데, 오로지 한마디 '나무아미타불'만 외워서 일심불난(一心不亂)이 되면 부처님의 영접[接引]을 받아 극락왕생을 할 수 있으며, 근기가 좋던 나쁘던 전부 다 섭수할 수 있습니다.

정토를 닦는데 유일한 수행[行持]은 바로 정성껏 염불하는 것입니다.

2. 염불의 의의

만약 어떤 사람이 지금, "왜 염불을 해야 하느냐?"고 묻는다면 먼저 이 두 글자의 뜻을 갖고 설명을 해드리겠습니다.

'염(念)'자를 보면 하나의 '금(今)'자와 하나의 '심(心)'자로 구성되어 있습니다. 구분해서 말하면 '지금의 마음', 즉 금심(今心)이고 합쳐서 보면 념(念)자이지요.

'불(佛)'자는 인도 말로서 붓다야(佛陀耶)의 준말로, 번역하면 '깨달음'이란 뜻이며 '분명(明白)하게 안다'는 뜻입니다. 따라서 염불은 사람마다 본분의 일이며 사람들의 본능의 일이지요. 염불의 의미는 곧 현재 일념의 깨달음과 명백함을 구하는 것입니다.

우리의 한 생각[一念] 속에는 10가지 법계[十法界]가 전부 갖춰져 있는데, 이른바 『십세 고금이 현재 이 한 생각[一念]을 여의지 않았으며, 티끌과 같은 국토[刹土]는 터럭 끝만큼도 떨어져 있지 않다.[十世古今, 不離當念; 微塵刹土, 不隔毫端]』는 것이지요.

만약 발심하여 염불을 한다면,
　『일념의 염불[一念念佛]이

일념의 깨달음[一念覺悟]이고,
염념의 염불[念念念佛]은
염념의 깨달음[念念覺悟]이며,
일념염불하면 일념을 분명하게 아는 것[一念分明]이고,
염념염불하면 염념을 분명하게 아는 것[念念分明]이지요.

사람이라면 그 누군들 깨닫길 원하지 않을 것이며, 분명히 알기를 원치 않겠습니까? 하지만 입으로만 "깨닫고 싶다, 분명히 알고 싶다"고 하지, 마음속으로는 어리석은 생각만 계속하고 있지요.
마음속에 어리석은 생각으로 가득 차 있으니 몸 또한 어리석은 일을 할 수밖에 없겠지요.

그럼 무엇이 어리석은 생각인가요?
바로 탐·진·치입니다.

또 무엇을 어리석은 일이라 하는 걸까요?
그것은 몸으로 짓는 세 가지 업인 살생[殺], 도둑질[盜], 사음[淫]과, 입으로 짓는 세 가지 업인 양설(兩舌), 악구(惡口), 기어(綺語), 망어(妄語)입니다.

이처럼 몸[身]·입[口]·의식[意]의 3가지 업이 청정하지 못하므로 매일 육근(六根)이 육진(六塵)경계를 대상으로 소리, 빛깔, 재물, 이익, 옳고 그름, 좋고 나쁨을 분별하며, 인식하고 느낄 수 있는 바깥경계에다 온갖 살림을 꾸리고 있지요.

그래서 염불은 바로 생소한 것과 익숙한 것을 바꾸는 것인데, (염불은 생소한 것이고; 탐·진·치는 익숙한 것이다.) 염불을 하면서 이렇게 인식되고 깨닫게 되는 대상[所知所覺]들을 내려놓고, 인식하고 깨달을 수 있는 주체[能知能覺] 또한 떠나서, 본래의 인식[本知]과 본래의 깨달음[本覺]을 회복하는 것입니다.

이렇게 본각(本覺)을 회복할 수 있다면 곧 부처님이 되는 것이지요.

성불이란, 다른 그 무엇을 보태는 것이 아니라 염불을 통하여 타성일편(打成一片: 염불이 한 덩어리가 된 상태)이 되면 사람들 마음속에 있는 더러운 것들이 깨끗이 사라지게 되는데, 더러움(번뇌)이 깨끗이 사라지면 불성은 곧 저절로 드러나게 됩니다.

3. 나[我]는 누구인가?

사람의 마음은 본래 깨달아 있고, 밝게 빛나고 있으며 그 본체는 온 법계에 두루 합니다. 다만 시작이 없는 먼 옛적부터 망령되이 움직인 까닭에 그 마음이 육진경계에 가려져 사람들의 지각(知覺)은 한쪽으로만 치우쳐, 오직 이 사대(四大) 육신으로 이루어진 작은 나[小我]만 인식하고 허공법계에 두루한 깨달음[覺性]의 큰 나[大我]를 망각하게 되었지요.

이것은 사람들이 「나[我]」라고 여기는 이 몸뚱이가 지(地), 수(水), 화(火), 풍(風), 공(空), 근(根), 식(識) 등 칠대(七大)가 잠시 모여서 이루어졌다는 사실을 모르고 있기 때문입니다.

만약 이 7가지를 하나하나 해체해 본다면 이 몸뚱이는 더 이상 존재하지 않게 되겠지요.

우리들의 피부와 살, 근육과 뼈는 지대(地大)에 속하고,
피·침·오줌·눈물 등은 수대(水大)에 속하며,
따뜻한 기운은 화대(火大)이고,
기력과 움직임은 풍대(風大)이며,
신체 내외의 허공은 공대(空大)에 속하지요.[2]

---

[2] 만약 허공이 없다면 사람은 숨이 막혀 죽을 것이다.

그리고 또 육근(六根) 즉 눈[眼], 귀[耳], 코[鼻], 혀[舌], 몸[身], 의식[意]은 근대(根大)에 속하며, 근(根)마다 하나의 식(識)이 있는데 이 6가지 식은 식대(識大)에 속하지요.

그러니 만약 이것들을 전부 분리를 시킨다면 이 사람은 더 이상 존재하지 않을 것이니, 어디에 또 '나'가 있다 하겠습니까?

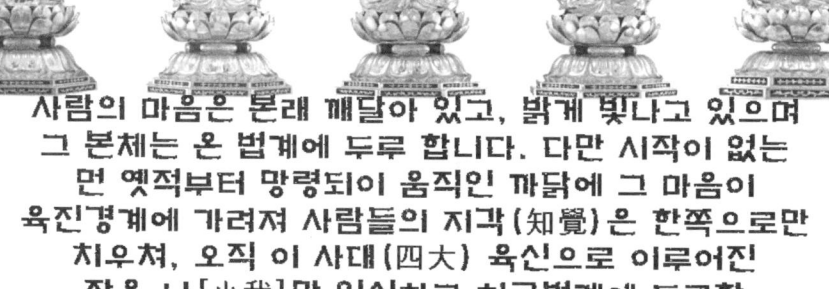

사람의 마음은 본래 깨달아 있고, 밝게 빛나고 있으며 그 본체는 온 법계에 두루 합니다. 다만 시작이 없는 먼 옛적부터 망령되이 움직인 까닭에 그 마음이 육진경계에 가려져 사람들의 지각(知覺)은 한쪽으로만 치우쳐, 오직 이 사대(四大) 육신으로 이루어진 작은 나[小我]만 인식하고 허공법계에 두루한 깨달음[覺性]의 큰 나[大我]를 망각하게 되었지요.
- 담허대사 '염불론'

4. 가명假名과 가상假相

　비록 현재는 이 7가지의 조건들이 잠시 모여서 '나'가 있는 듯싶지만 사실 더러운 껍데기에 불과하며 그 속에는 비린내 나는 더러운 물건들이 잔뜩 담겨져 있습니다.

　예를 들면, 우리가 지금 법문을 하고 있는데 어떤 사람이 갑자기 똥을 가득 담은 가죽자루를 들고 주둥이를 꽁꽁 묶어서 이 법당에 들여 놓는다면, 우리는 더럽다고 코를 잡고 멀리 피하거나, 혹은 재빨리 그 자루를 법당 밖으로 멀리 내다버리겠지요. 그러면서 신성한 법당에 대한 모독이라고 여길 것입니다. 하지만 실상은 우리들, 사람들은 누구나 다 이 똥자루와 같습니다.

　우리의 이 몸뚱이 자루는 진짜로 똥을 가득 담은 가죽자루보다 결코 깨끗하지가 않습니다. 왜냐하면, 그 똥자루는 주둥이를 묶어 놓았지만, 사람들의 이 몸뚱이 자루는 아래위로 입을 벌리고 더러운 냄새를 풍기고 있으며, 아홉 구멍에서는 항상 부정한 것들이 흘러나오고 있기 때문이지요.

　그럼에도 불구하고 사람들은 항상 이 더러운 가죽자루를 '나'라고 여기면서 아끼고 또 아끼지요. 그래서 이렇게 화장도 해보고 저렇게 보양도 해보는데, 만약 부처님의 안목으로 봤을 땐 정말로 어리석기 짝이 없을 겁니다.

여러분들이 마땅히 알아야 할 것은 우리가 '나'라고 생각하는 이 몸뚱이는 '나'가 아니라 내가 사용하고 있는 하나의 물건이며, 나[我] 뒤에 소유격을 붙여 '나의 것'이라 불러야 옳습니다.

왜냐하면, 이 몸은 나의 것의 일부분에 속하므로 마치 내가 사용하고 있는 하나의 물건과도 같아서 내가 사용하고 싶을 때만 사용하고, 사용하기 싫을 땐 놓아 버릴 수 있어 번거롭지 않아야 합니다. 그런데 만약 내려놓지 못한다면 이 몸은 도리어 짐만 될 뿐이겠지요.

보통 사람들의 습관은, 이 몸을 '나'라고 여기고 나 밖은 사람[人]이며, 많은 사람이 모여서 중생이 된다고 생각합니다. 그리고 모든 중생들이 오래 살고자하는 생각은 계속되어 끊이질 않는데 이것이 곧 수자(壽者)지요. 사실 이런 것들은 모두 가명(假名)과 가상(假相)에 불과합니다.

예를 들면, 사람과 나는[人我] 상대가[相待假]3)이고, 중생은 인성가(因成假)이며4), 수자(壽者)는 상속가(相續假)입니다.5) 그런데 만약 이런 것들이 떠나면 어디에 또 「나」가 있겠습니까?

나[我]란 주재(主宰)라는 뜻으로, 결코 사람들의 이 색신(色身)의 '나'는 자신의 뜻대로 할 수가 없습니다. 예를 들면, 사람이 배가 고플 땐 음식을 먹지 않으면 안 되고, 갈증이 날 땐 물을

---
3) 사람이 있으므로 내가 있고, 내가 있으므로 사람이 있기 때문이다.
4) 잠시 여러 인연을 빌어 이루어졌기 때문이다.
5) 아(我) 인(人) 중생(衆生)이 이어져 끊이지 않기 때문이다.

마시지 않으면 안 되며, 목숨이 다하면 죽기 싫어도 죽지 않으면 안 됩니다.

또한, 예쁜 걸 보면 몇 번을 더 쳐다보지 않으면 안 되고, 오욕(五慾)6)의 경계를 만났을 때 누리지[享受] 않으면 안 되지요. 그러나 이것은 벌써 주재의 의미를 잃어버린 것이지요.

이처럼 먹고 마시고 향수(享受)하는 것은 생명에 속하는 일이나 생명에는 생멸이 있습니다. 그리고 이 생명 밖에 또 하나의 '지혜의 생명[慧命]'이 있는데, 이것은 영원히 생멸이 없는 것이지요.

무엇이 '생멸이 없는 혜명'일까요?
바로 사람마다 본래 갖고 있는 지각성(知覺性)을 말하는 것입니다. 이 지각성은 비록 아무런 형상이 없지만 진허공, 변법계(盡虛空, 遍法界)에 없는 곳이 없고, 아닌 곳이 없습니다.

염불을 하는 것은,
곧 자신의 법신혜명을 키우는 것이며,
부처님의 힘과 자신의 힘에 의지하여
서방극락세계 왕생을 구하는 것이며,
부처님의 지견[佛知見]을 열고
자신의 본각(本覺)을 회복하는 것입니다.

---

6) 오욕(五慾): 재(財), 색(色), 명(名), 식(食), 수(睡).

5. 염불법문은 가장 쉽고 가장 빠른 지름길

과거의 조사스님들, 예를 들면 천태지자(智者) 대사, 영명(永明) 선사, 우익(藕益) 대사, 철오(徹悟) 선사 등과 같은 분들께서도 나중엔 정토로 돌아오셔서 오로지 염불만 하셨습니다.

왜냐하면, 다른 종의 수행방법은 때로는 근기가 맞지 않다거나, 혹은 상당한 수행력이 있으신 스승의 가르침을 받지 못했을 때 잘못된 길로 들어서기 쉽고, 그 병폐 또한 크기 때문이었지요.

반면에 염불하는 사람들은,
믿음[信]과 원력[願], 염불수행[行]이 갖춰지고
착실하게 염불만 할 수 있다면,
부처님의 원력에 의지하고 또 자력에 의지하니
절대로 길을 잘못 들어서는 일이 없지요.
그러므로 염불법문이 가장 쉽고 가장 빠른 지름길이라 하는 것입니다.

다른 수행은 오직 자신의 힘(자력수행)에 의지하여 미혹[7]을 모조리 남김없이 끊어야만 진리를 증득[斷惑證眞]할 수 있는데, 말로는 쉬운 것 같지만 실제로는 상당한 공부가 없으면 성공하

---

7) 삼계내의 견혹(見惑)과 사혹(思惑).

기 어렵습니다.
  정토수행에는 한 가지 특별히 좋은 점이 있지요.
  바로 업장을 짊어지고 왕생을 할 수 있다는 것입니다.

  극락세계에 태어난 후에는 아미타부처님의 원력에 의지하고 관세음보살, 대세지보살, 그리고 기타 여러 선인(善人)들과 한곳에 모여서 다 함께 수행을 하므로 장차 모든 업장이 깔끔히 소멸될 수 있습니다.

  미혹이 다함에 따라 범성동거토(凡聖同居土)에서 방편유여토(方便有餘土)로, 방편유여토에서 실보장엄토(實報莊嚴土)로, 다시 상적광정토(常寂光淨土)에 이르러 부처님의 진신을 친견할 수 있지요.

  이것은 근기가 낮은 중생들을 두고 하는 말인데 만약에 상근기인 경우엔 어느 불국토[佛土]에 태어나든지 막론하고 모두 네 가지 불국토[佛土]를 원만하게 수용할 수 있습니다.

  염불왕생의 장점은, 극락세계에 태어나기만 하면 다시는 퇴보(退步)을 하지 않고, 다시는 업을 짓지 않는다는 것입니다. 당연히 자신이 더 열심히 수행을 하면 언젠가는 부처가 되어 중생을 구제할 것입니다.

  물론 다른 종의 수행도 좋습니다. 그 누구도 비방을 해서는 안 됩니다. 다만 그런 수행들은 만약에 수행이 완전한 경지[究竟處]에 이르지 못하면 여전히 타락을 하게 됩니다.
  옛날에 무착(無着), 세친(世親), 사자각(師子覺) 세 보살님이 계셨는데, 처음에 서로 뜻이 맞고 길이 같아 모두 유식관(唯識觀)을 닦아서, 도솔천 내원에 태어나 미륵보살을 친견하기로 발원하셨지요. 그리고 누구든지 미륵보살을 먼저 친견하게 되면 다시 돌아와서 소식을 전하기로 약속하였습니다.

그러던 어느 날 사자각(師子覺) 보살님이 먼저 입적을 하셨는데, 몇 년이 지나도록 아무런 소식이 없었지요.

그러다가 3년 뒤 세친 보살님이 입적을 하시게 됩니다.

임종 시 무착 보살님은 세친 보살님께 신신 당부하셨지요.
"천상에 태어나 미륵보살님을 친견한 뒤에는 반드시 내게 소식을 전해주시게."

세친 보살님은 왕생 후 3년 후에야 돌아오셨습니다.

"어찌하여 이제 왔는가?"
"내가 도솔천 내원에 태어나 미륵보살님을 친견하고 잠깐 법문을 듣고 삼배 올리고 바로 내려 왔는데 그곳의 시간이 길어서 인간세상에서는 벌써 3년이 지난 거라네."
"그럼 사자각은 지금 어디에 있는가, 왜 소식이 없는가?"
"사자각은 도솔천 외원으로 태어나 아직 내원으로 가지도 못하고 오욕락에 빠져서 아직 미륵보살님을 친견조차 못 하였다네."

무착 보살님이 듣고 보니 천상에 태어나는 것이 매우 위험하다는 생각이 들었습니다. 그래서 보살님은 다시 새롭게 원을 세우고 천상이 아닌 극락왕생을 발원하게 되었지요.

여러분, 한번 생각해보세요.

사자각(師子覺) 보살님은 대승보살의 지위에 올랐음에도 불구하고 천상의 오욕락에 얽히게 되는데 이 얼마나 위험한 일입니까?

기타 선정을 닦는 수행은 만약에 삼계(三界)를 초월하지 못했다면, 어느 하늘나라에 태어나든지 막론하고 천상의 복이 다하면 여전히 타락을 하게 되며, 또 지은 업에 따라 그 과보를 받아야 합니다.

《능엄경》에 나오는 무문(無聞) 비구가 아주 좋은 사례라 할 수 있지요. 하지만 염불하는 사람들에게는 이와 같은 위험이 없습니다.

이런 말이 있잖습니까?
"설사 그대가 비상비비상천에 태어나더라도 극락정토로 갔다 오는 것만 못하다[饒你修到非非想, 不如西方歸去來]."

이 말은, 사공천(四空天)인 비비상천에 태어나더라도, 수명이 다 하고 복이 차면 여전히 타락을 하게 되는데, 서방정토 극락세계에 태어나면 설사 구품연화대에 하품하생으로 태어날지라도 천천히 상품상생을 증득할 수 있으니, 비비상천보다는 월등히 낫다는 뜻입니다.

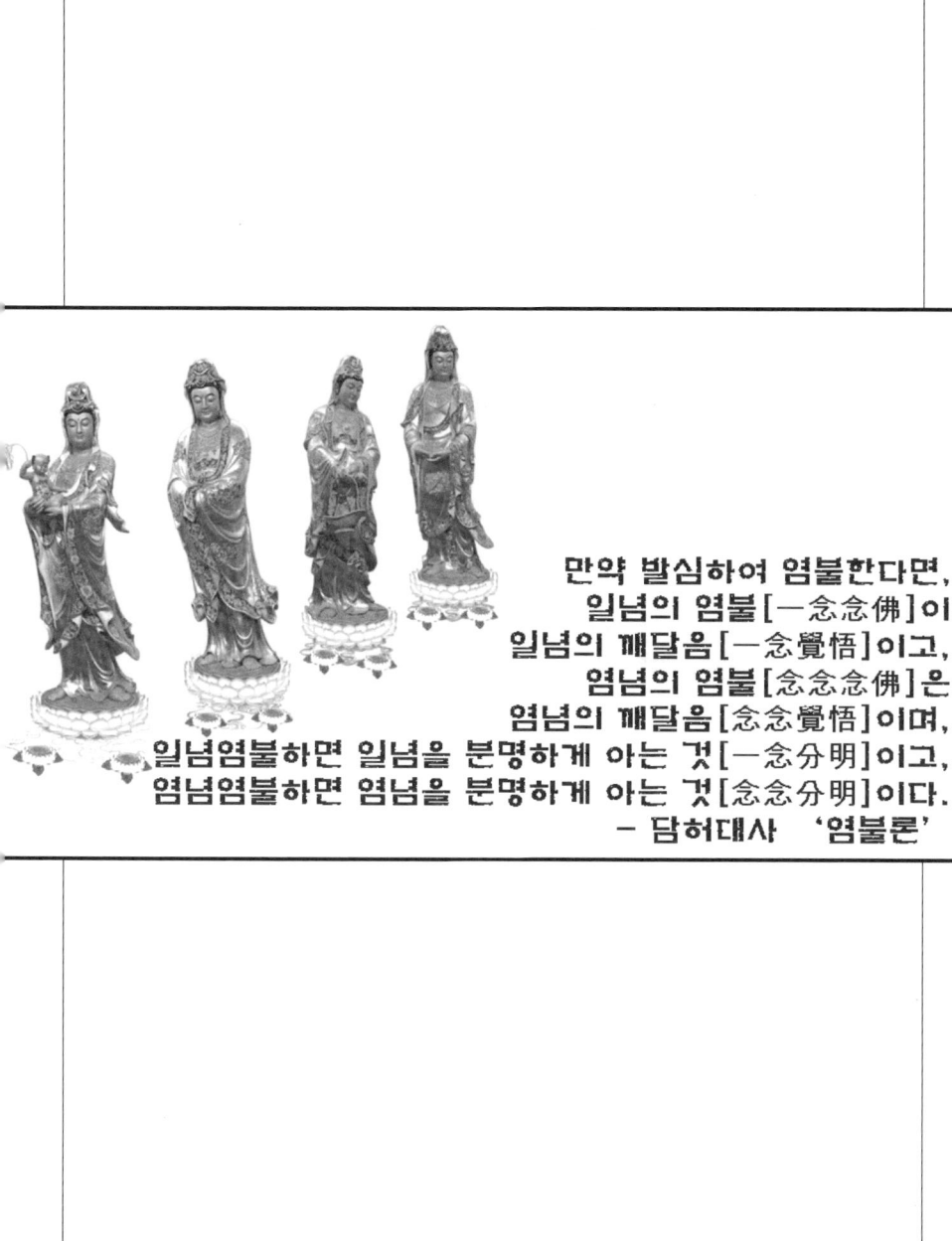

만약 발심하여 염불한다면,
일념의 염불[一念念佛]이
일념의 깨달음[一念覺悟]이고,
염념의 염불[念念念佛]은
염념의 깨달음[念念覺悟]이며,
일념염불하면 일념을 분명하게 아는 것[一念分明]이고,
염념염불하면 염념을 분명하게 아는 것[念念分明]이다.
            - 담허대사 '염불론'

6. 자성에는 미타, 유심에는 정토

염불을 하는 동안에는 매일같이 처음에 《아미타경》부터 읽어야 하고, 절에서 저녁 공부 시간에도 매일 《아미타경》을 독송해야 합니다. 경전을 한번 독송할 때마다 곧 서방극락세계의 의보와 정보의 장엄[依正莊嚴]을 마음속에 한번 훈습시키고 (마음속에) 극락세계에 대한 관념(觀念)을 각인시키는 것이지요.

또한, 마치 한편의 영화필름처럼 한번 독송하면 극락세계의 그림자를 마음의 스크린[心幕]에 한번 방영(放映)하는 것과 같은 것입니다. 이렇게 오랜 시간 지속하다 보면 육근(六根)이 접촉하는 것이 전부 극락세계의 최상의 경계이며, 묘상장엄(妙相莊嚴)이지요.

지금은 비록 극락세계에 태어나지 못했지만 마음속은 이미 서방극락세계의 장엄한 경계들로 둘러 쌓여있으며, 사람들의 의식은 어느새 극락세계의 미묘한 장엄[妙相莊嚴]의 분위기 속에 잠겨 있게 되는 것이지요.

임종이 되었을 때 훈습된 업[熏業]이 나타나서 평소 부르던 아미타불과 여러 성인(聖人)들이 이때에는 진짜로 모습을 나투시어 여러분을 극락으로 영접[接引]할 것입니다. 평소에 생각하고 그리던 서방정토의 청정하고 미묘한 경계가 그 찰나에 눈앞에 나타나게 됩니다. 중생이 바로 부처이고 부처가 곧 중생이니, 모든 것은 이 성품 속에 원만히 갖춰져 있습니다.

또 마음이 곧 국토요, 국토가 바로 마음[心卽土, 土卽心]인데, 모든 것은 오직 마음으로부터 드러난 바「유심소현(唯心所現)」이니, 다만 염불의 공부가 어느 정도인지 봐야하겠지요.

만약 신(信), 원(願), 행(行)이 견고하여 확고부동하다면 자성과 불성이 한 덩어리가 되어[打成一片] 그 자리가 바로「자성이 곧 불성이요, 불성이 곧 자성」인 것입니다.

부처님은 무량한 수명[無量壽]과 무량한 광명[無量光]을 구족하셨고, 중생 또한 무량한 수명과 무량한 광명을 갖추었습니다. 또 아미타불께는 극락세계의 의·정 이보와 상호의 장엄[依正二報相好莊嚴]이 있듯이, 중생에게도 의·정 이보와 상호장엄[依正二報相好莊嚴]이 있습니다.

《아미타경》에서는『전부가 아미타부처님이 법음을 널리 펴기 위해 변화하여 만들어진 것이다[皆是阿彌陀佛, 欲令法音, 宣流變化所作]』고 하셨는데, 이 경문으로부터 서방극락세계의 온갖 경계는 모두 아미타불의 복덕(福德)과 업상(業相)에 따라 유심소현(唯心所現)임을 증명할 수 있습니다.

그런데 부처님께서 이렇게 나툴 수 있다면, 중생의 성품과 부처님의 성품 또한 다르지 않는데 중생이라고 어찌 나툴 수 없겠습니까? 그러므로 자성에는 미타요, 유심에는 정토인 것입니다.

성품 속에서는 어디까지가 중생의 경계선이고, 어디까지가 부처님의 경계선인지 가릴 수가 없으며, 정토에도 무엇이 유심이고 무엇이 비심(非心; 마음이 아닌 것)인지 지목할 수 없습니다.

서방미타와 자성미타, 서방정토와 유심정토는 분리할 수 없는 하나의 전체이니까요. 하지만 반드시 알아야 할 것은, 유심이란 사람들이 말하는 가슴속의 그 육진경계를 반연하는 마음의 그림자[六塵緣影]인 망심(妄心)이 아니라 모든 법이 오직 마음[法法唯心]이라는 것입니다.

또 자성(自性)이란 사대(四大)가 잠시 모여 이루어진 이 몸의 습성을 말하는 것이 아니라 중생들이 본래 갖고 있는 자성(自性)을 얘기하는 것입니다.

염불하는 사람은 매일 《아미타경》을 읽으면서 이 점을 확실히 알아둬야 하며 자신의 믿음을 견고하게 해야 합니다.

7. 한마디 아미타불은 최상승법, 무량한 법문法門을 포괄함

《아미타경》은 석가모니부처님께서 누가 묻지도 않았지만 당신께서 스스로 설하신[無問自說] 경전인데, 서방극락세계의 의·정 이보장엄(依正二報莊嚴)과 염불하여 극락왕생할 것을 설하셨습니다.

《아미타경》의 내용은《법화경》과 같은데, 《법화경》도 사리불 존자에게 설하셨으며 무문자설(無問自說)입니다.

부처님께서 《무량의경(無量義經)》을 설하신 후, 무량의처삼매(無量義處三昧)에 들어 몸과 마음이 움직이지 않고 미간의 백호상광(白毫相光)을 놓으셔서 동쪽으로 팔천의 삼천대천세계[東方八千土]를 비추시고 갖가지 상서로운 모습을 나투시니, 법문을 듣는 대중들이 여러 가지 의심을 갖게 되었습니다.

미륵보살님과 문수보살님이 대중을 위해 의문을 풀어준 후에, 부처님께서는 곧 삼매에서 편안히 나오셔서 청하여 묻는 사람이 없었지만 사리불 존자에게 이렇게 말씀하십니다.

"모든 부처님의 지혜는 매우 깊고 무량하다. 그 지혜의 문은 이해하기 어렵고 들어가기가 어렵다. 일체 성문 벽지불도 알 수 없다. … 일찍이 없었던 매우 깊은 법을 성취 하셨으며 요점을 말하자면, 무량무변한 일찍이 없었던 법을 부처님은 모두 성취하셨느니라."

　제가 늘 말하기를, 『《법화경》은 《아미타경》을 자세히 설한 경전이고, 《아미타경》은 《법화경》을 간략하게 설한 경전이다』고 했지요.

　이 두 경전은 모두 「모든 현상이 곧 이치임[全事卽理]」을 설하셨는데, 다른 여러 경전처럼 많은 법상(法相)과 법수를 설하여 사람들로 하여금 이치를 깨달아 수행하는 법문과는 다릅니다.

　두 경전에서 설하신 내용은 완전히 현량심(現量心)으로 현량경계(現量境界)를 관찰하는 것입니다.

　만약 여러분이 《법화경》과 《아미타경》에 대해 자세하게 연구해 보셨다면 그 속의 내용들을 대조하면 바로 알 수 있을 겁니다. 《법화경》은 총 7권 28품으로 이루어졌는데 앞의 14품은 「방편을 열어 진실을 드러내는[開權顯實] 내용」이고, 뒤의 14품은 「가까운 형적[跡]을 열어서 먼 과거의 본적[本]을 드러내는 [開近顯遠] 내용」으로 이 두 경전에서는 모두 최상승의 법을 설하셨습니다.

　그 예로 《아미타경》에서는,
　『만약 어떤 선남자 선여인이 아미타부처님의 이름을 듣고 그 이름을 혹 하루나 이틀 사흘, … 이레 동안 한 마음으로 아미타불의 이름을 외우되, 조금도 마음이 흐트러지지 않으면 그 사람이 목숨을 마칠 때에는 아미타부처님과 모든 성인들께서 그 앞에 나타나시므로 이 사람이 목숨을 마칠 찰나에 마음이 뒤바뀌지 아니하고 곧 아미타부처님의 극락세계에 태어나게 되느니라』고 하셨고,

《법화경》〈제23 약왕본사품(藥王本事品)〉에서는,
『이 경전을 듣고 설한 바대로 수행하여 목숨이 마칠 때에는 곧 안락세계로 왕생하여 아미타불과 대 보살들이 계시는 곳에서, 연화 가운데 보좌(寶座) 위에 태어날 것이다』고 하셨는데 그 뜻은 완전히 같습니다.

기타 《아미타경》에서 설하신 국토의 장엄, 부처님의 수명, 부처님의 광명 또는 육방불(六方佛), 제불호념(諸佛護念) 등이 비록 《법화경》의 문장의 조목과 어휘의 배치에 상세하고 간략함의 차이는 있으나, 그 경계와 의의(意義)는 이치적으로 둘이 아닙니다.

따라서 한마디 아미타불은 최상승의 법이며, 무량한 법문(法門)을 포괄하고 있습니다.

8. 아미타불을 염하면 육근이 청정해짐

한마디 아미타불을 불러 상응(相應)하면 그 자리에서 바로 육근청정을 얻을 수 있습니다.

지금 염불하는 동안에,
눈은 항상 부처님을 바라보니, 안근(眼根)이 청정이요,
귀는 자신과 대중의 염불소리를 들으니, 이근(耳根)이 청정이요,
코는 향로 속의 향기를 맡으니, 비근(鼻根)이 청정이요,
혀는 반복하여 염불만 하니, 설근(舌根)이 청정이요,
이 몸은 청정도량에서 매일 부처님께 절을 올리니, 신근(身根)이 청정이요,
염불하고 절하고 마음속으로 부처님을 생각하니, 이것은 곧 의근(意根)이 청정해지는 것입니다.

육근이 청정하면 삼업(三業)도 따라 청정해지는데, 삼업이 청정하니,
몸으로는 살생(殺生), 투도(偸盜), 사음(邪淫),
입으로는 망어(妄語), 기어(綺語), 양설(兩舌), 악구(惡口),
의식[意]으로는 탐욕[貪]과 성냄[瞋], 그리고 어리석은[痴] 생각이 일어나지 않으니, 그 자리가 바로 십선업(十善業)이 되는 것입니다.

수행자가 가장 대치(對治)하기 어려운 것이 바로 신·구·의(身口意) 삼업(三業)인데, 이 한마디의 아미타불로 삼업을 다 거두어들일 수 있다는 것입니다.

　이렇게 오랜 시간 지속하다 보면 관념(觀念)이 저절로 성숙(成熟)해지고 정토의 인[淨因]이 증장(增長)하여 임종 시에 반드시 극락왕생을 하게 됩니다.

염불을 하는 것은,
곧 자신의 법신혜명[法身慧命]을
키우는 것이며,
부처님의 힘과 자신의 힘에 의지하여
서방극락세계 왕생을 구하는 것이며,
부처님의 지견[佛知見]을 열고
자신의 본각(本覺)을 회복하는 것입니다.
- 담허대사 '염불론'

9. 성불의 원리

보통 사람들은 부처가 되는 것을 아주 어렵게 생각하는데 사실상 어렵지가 않습니다. 부처와 중생은 모두 일종의 관념의 공부로 이루어졌으니까요.

부처님의 일념에는 십법계(十法界)가 구족하고 중생의 일념에도 십법계(十法界)가 구족합니다. 만약에 한 생각 욕심내는 마음[貪心]이 일어나면 아귀(餓鬼)이고, 한 생각 성내는 마음[瞋心]이 생겨나면 지옥(地獄)이며, 한 생각 어리석은 마음[癡心]이 일어나면 곧 축생(畜生)입니다.

또, 한 생각 의심하고 잘난체하는 마음[疑慢心]이 일어나면 수라(修羅)이며, 한 생각이 오상(五常)8), 오계(五戒)에 떨어지면 사람[人道]이고, 한 생각이 상품십선(上品十善)에 떨어지면 바로 하늘[天道]입니다.

만약에 사성제(四聖諦)를 생각하면 성문(聲聞)이고, 12연기(緣起)를 관찰하면 연각(緣覺)이며, 육바라밀을 생각하면 보살이고, 자리이타(自利利他)와 만행평등(萬行平等)을 관찰하면 곧 부처입니다.

또 마치 세상 사람들에게 각각의 관념이 있듯이 선비[士], 농민[農], 장인[工], 상인[商], 군인[軍], 정치인[政], 경찰[警], 학자

---
8) 오상(五常): 인(仁), 의(義), 예(禮), 지(智), 신(信)

[學]들도 모두 관념(觀念)으로부터 이루어졌으니 자신이 무엇을 관념하면, 곧 그 무엇이 된다는 것입니다.

염불하는 사람들 또한 매일 눈으로 부처님을 뵙고, 입으로는 부처님 명호를 부르며, 몸으로는 부처님께 예배하고, 마음속으론 부처님을 생각하고, 귀로는 염불소리를 들으며, 시시각각 극락왕생을 관념으로 한다면, 반드시 서방정토에 태어나게 될 것이며 결정코 부처가 될 것입니다.

견성見性과 작불作佛

어떤 것을 견성見性이라 하는가?
고도의 선정수행으로 심의식心意識을 떠나
바로 본성本性의 신령神靈한 광명光明이
힘차게 드러날 때를 비로소
견성이라 하는 것이니,
그래서 어렵다고 하는 것이다.

그럼 어떤 것이 작불作佛인가?
부처님의 명호를 지니거나
부처님의 거룩한 상호와
부처님 세계의 미묘한 장엄을 관하는 것
[持佛名號 觀佛依正]이 바로 그것이니,
그러므로 쉽다.
- 철오선사

七十三世紅螺徹悟禪師

10. 염불과 계율의 중요성

위에서 말씀드렸듯이 중국불교는 자연적인 추세(趨勢)에 따라 후세 사람들에 의해 여러 가지 종파로 나눠졌는데 천태종(天台宗), 현수종(賢首宗), 법상종(法相宗), 정토종(淨土宗), 진언종(眞言宗), 선종(禪宗), 율종(律宗) 등이 있습니다.

이런 종파들은 모두 후세 사람들이 법맥의 전승관계와 공부의 전문성에 대한 필요에 의해 세워진 것입니다.

다른 종파들은 모두 단순하지만 이 종파들 가운데 오직 정토종과 율종만이 그 수행방법과 교리[敎義]가 다른 종파 속으로 스며들어 다른 종파들이 모두 공유(共有)하고 있을 뿐만 아니라 부처님의 칠중(七衆) 제자가 모두 다 같이 배우고 있습니다.

예를 들면, 천태종(天台宗)과 현수종(賢首宗), 삼론종(三論宗)과 법상종(法相宗) 등은 각 종(宗)의 교판(敎判)이 다르고 각 종파의 관법수행 또한 다르지만 모두 정토수행을 최상의 방편으로 삼으며 모두 염불(念佛)하여 성불(成佛)할 수 있다고 하지요. 비록 선종이라 할지라도 염불하는 자가 누군가를 참구(參究)합니다.

출가자나 재가자를 막론하고 불교를 믿는 동기(動機)가 어떻든 간에, 불법을 배우는 유일한 목표는 염불하여 성불하는 길을 벗어나지 않는 것입니다.

이와 동시에 불법을 배워 부처님이 되는 과정 속에서는 공통으로 부처님의 청정한 계율을 지켜야 합니다.

예를 들면, 중국 남북의 각 대총림에서는 무슨 종, 무슨 파를 막론하고 아침 저녁으로 법당에서 요불(繞佛)을 할 때 모두 나무아미타불을 부르고 입을 열어 말을 할 때나 대답을 할 때도 「나무아미타불」을 부릅니다.

당연히 그 최종의 목적도 서방극락세계로 왕생하여 부처님을 만나 뵙고 불도를 이루는 것을 벗어나지 않습니다.

이를 보더라도 염불법문(念佛法門)이 얼마나 쉽고 보편적인지 알 수 있습니다. 그리고 부처님의 계율 또한 매우 중요한 일인데, 불교가 흥성하고 안 하고는 대체로 사람들이 계율을 지키는지 안 지키는지를 보면 알 수 있습니다.

만약 여러분이 계율을 잘 지킨다면 불법은 이 세상에 오랫동안 머물 것이며, 그렇지 못할 경우 세월을 따라 결국 망하여 없어지고 말겠지요.

11. 지계는 부처님의 유훈遺訓

 부처님 당시에는 어디서나 몸소 본보기가 되어주셨고, 사람들은 그분을 다 스승으로 모셨으며, 부처님이 열반하신 후에는 모두 계율[戒]을 스승으로 삼았습니다.

 부처님이 열반에 드시려 할 때에 사중(四衆: 비구, 비구니, 우바새, 우바이) 제자들은 부처님께서 이 세상에 더 머무시기를 청하려고 그 주위를 둘러싸고 머리를 잡고 슬피 울고 있었는데, 그때 아나율[無貧]존자께서는 극도의 슬픔 속에서도 문득 이런 생각이 떠올랐습니다.

 "부처님이 계실 때는 대중들이 부처님을 의지하였지만 지금은 부처님께서 열반에 드시려 하시니, 불법이 이 세상에 오래오래 머물게 하려면 몇 가지 일을 부처님이 계실 때 꼭 여쭤봐야 하겠구나."

 이때 아난존자께서도 부처님 곁에 서서 얼굴을 가리고 슬피 울고 계셨습니다. 아, 존자는 항상 부처님을 그림자처럼 따라다니셨고, 불법을 전해 받은 분이셨으며, 부처님이 매번 설법하실 때마다 시자가 되어 옆에 계셨던 분이셨습니다.

 그런 까닭에 아나율존자께서는 아 존자를 시켜 4가지 일을 부처님께 여쭙도록 하셨습니다.

그중 처음 두 가지 일은
첫째, 부처님께서 살아계실 때는 대중이 부처님께 의지하며 머물렀는데, 부처님께서 열반하신 후에는 무엇을 의지해 머물러야 하는가?

둘째, 부처님께서 살아계실 때는 대중이 부처님을 스승으로 모셨지만, 부처님께서 열반하신 후에는 무엇을 스승으로 삼아야 하는가?

아난존자가 부처님께 여쭙자 부처님께서는,
"내가 열반에 든 후에 대중은 마땅히 사념처(四念處)에 의지해 머물러야 하고, 계율을 스승으로 삼아야 한다"고 하셨습니다.

이를 미루어 생각해봐도 우리는 계율이 후세 사람들에게 얼마나 중요한지를 알 수 있습니다. 무릇 부처님의 제자라면 모두 부처님의 계율을 지켜야하며, 설사 전부는 다 지키지 못하더라도 그 중에서 중요한 계율만이라도 골라서 꼭 지켜야 합니다.

몇 가지를 지키더라도 지키지 않는 것보단 훨씬 낫지 않겠습니까?

남북의 각 대총림마다 각자의 규칙이 있고, 각자의 가풍이 있는데 이런 규칙과 가풍이 바로 사람들이 다 함께 지켜야할 계율인 것이지요.
 여쭈어 보건대, 어느 절 어느 암자든 규칙이 없습니까?

 사람들의 일상생활 속에서 서로 왕래하거나, 사람을 대하고 물건을 받을 때도 다 일정한 선[界限]과 절제가 있듯이 당연히 지계와 염불 또한 똑같이 중요하다는 사실을 알 수 있습니다.

 근대(近代) 율종의 대덕(大德)이신 홍일율사(弘一律師)께서도 비록 계율을 널리 펴시고 가르치셨지만, 개인적으로는 한결같은 마음으로 염불을 하셨고, 만나는 사람들마다 염불을 권하셨습니다.

 그리고 체한(諦閑) 노스님이나 허운(虛雲) 노화상 같은 분들께서도 염불을 아주 중요시 하셨는데, 이른바 「교리적으로는 본종의 가르침을 펴시고, 수행은 정토를 닦음[敎演本宗, 行修淨土]」을 하셨지요.

12. 부처님의 칠중七衆 제자

부처님께는 칠중(七衆)제자가 있습니다.

첫째는 비구승(比丘僧)인데 출가하여 구족계를 받은 남자이고, 둘째는 비구니(比丘尼)로서 출가 후 구족계를 받은 여자이며, 셋째는 식차마나로서 번역하면 학법녀(學法女)인데 사미니가 구족계를 받으려 할 때 18세부터 20세 사이 별도로 육법「불음행[不淫行], 불투도[不偸盜], 불살생[不殺生], 불허광어(不虛誑語), 불음제주(不飮諸酒), 불비시식(不非時食)」을 배웁니다. 그리고 이 기간이 지나면 구족계를 받아 비구니가 될 수 있지요.

넷째는 사미인데 출가하여 10계를 받은 남자이고,

다섯째는 사미니로서 출가 후 10계를 받아 지닌 여자입니다.

여섯째는 우바새이며 재가자로서 삼보를 가까이 모시는 남자이고,

일곱째, 우바이인데 재가자로서 삼보를 가까이 모시는 여자를 말합니다. 재가자로서 염불하는 사람은 먼저 삼보에 귀의해야 하며, 마땅히 오계를 받들어 지녀야 합니다.

13. 삼보에 귀의한다는 것은

그러면 무엇이 삼보인가?
바로 불보(佛寶), 법보(法寶), 승보(僧寶)입니다.

불(佛)은 현재 이 사바세계의 교주이신 석가모니부처님, 내지는 과거·현재·미래의 모든 부처님이시고,
법(法)은 법칙「궤칙(軌則)」을 뜻하는데 모든 부처님이 말씀하신 언어와 그 가르침이며,
승(僧)은 법을 전해 지닌다는 뜻으로 불법을 이어받고 후세 사람들의 모범이 될 수 있는 사람을 말하지요.

삼보 가운데는 자성삼보(自性三寶), 별상삼보(別相三寶), 주지삼보(住持三寶) 등이 있습니다. 자성삼보(自性三寶)는 모든 중생들에게 본래 갖춰있는 것으로 밖에서 구하는 것이 아닙니다.

스스로 신령스럽게 밝고 깨달아 비추는 것[靈明覺照]이 불보(佛寶)이고,
고요하고[寂], 항상하며[常], 원만하고[圓], 청정한[淨] 것을 법보(法寶)라고 하며,
미묘한 즐거움[妙樂]을 융합[融和]함을 승보(僧寶)라고 합니다.

그럼 무엇을 별상삼보(別相三寶)라고 하는가?

이를테면 이 삼보는 각각 인(人), 법(法), 인(因), 과(果), 성(性), 상(相), 체(體), 용(用)의 분별이 있는데 묘각(妙覺)과 부처님의 삼신(三身: 法報化)은 불보(佛寶)이고, 진여이 체[眞如理體]와 일체 방편법문을 다 법보(法寶)라고 부르며, 오십위(五十位)의 현성(賢聖)은 다 승보(僧寶)에 속합니다.

또 무엇을 주지삼보(住持三寶)라 하는가?
이 삼보가 세상에 머물면서 불법이 전승되어 사라지지 않고 세간의 모든 중생에게 이익을 주고 의지처가 되어주는데, 지금 우리가 보고 있는 불상과 사리가 불보(佛寶)이고, 독송하는 경(經)·율(律)·논(論), 삼장이 곧 법보(法寶)이며, 부처님께서 중생들을 이익케 하는 사업[利生事業]을 이어받은 출가스님들이 바로 승보(僧寶)입니다.

여러분이 반드시 알아야 할 것은, 삼보에 귀의한다는 것은 절대 다른 삼보에 귀의하는 것이 아니라 자신의 자성 속에 본래 갖춰져 있는 삼보에 귀의한다는 사실입니다.

부처님의 불(佛)을 번역하면, 지각(知覺)할 때 각(覺)인데 사람마다 깨달음의 성품[覺性]이 내재되어 있으므로 부처님께 귀의한다는 것은 바로 자신의 각성과 사람마다 자신의 각성(覺性)으로부터 끝없이 흘러나오는 묘한 진리[妙理]에 귀의하는 것이지요.

법에 귀의한다는 것은, 성품 속에 본래 갖춰져 있는 진여의 묘한 이치[眞如妙理]와 사람마다 성품으로부터 지속적으로 발휘(發揮)되는 묘한 이치[妙理]에 귀의하는 것입니다. 승가에 귀의

한다는 것은, 곧 자신의 깨달음의 법을 지속시키는 융화묘성(融和妙性)에 귀의하는 것입니다.

절대 다른 종교처럼 오직 신만이 신이 되고, 인간은 절대 신이 될 수 없는 것과는 다릅니다. 사람은 영원히 신의 노예가 된다는데 이건 너무나 불공평하지 않습니까?

불교의 가르침은 『모든 법이 평등하여 높고 낮음이 없다』고 합니다. 사람마다 불성(佛性)이 있고, 사람마다 염불(念佛)하여 성불(成佛)할 수 있다는 것이지요.

일반적으로 귀의(歸依)를 할 때에 비록 현재의 주지삼보(住持三寶)에 귀의를 하지만, 그러나 그것은 어디까지나 사람들을 부처님 법으로 인도하기 위한 방편이며, 자성삼보(自性三寶)에 귀의하는데 주목적을 두고 있습니다.

그리고 우리가 궁극적인 불도(佛道)를 이루었을 때, 절대 그 어느 부처님의 노예가 되는 것이 아니라는 사실도 꼭 명심해야 합니다.

부처님이 된다는 것은 절대 다른 사람이 대신 할 수 있는 것이 아니고, 그렇다고 어느 누군가가 하사해 주는 것은 더더욱 아니며, 오직 스스로 염불하여 자성 속의 부처님이 되는 것입니다.

삼귀의 이외에도 최소한 오계(五戒)를 잘 지켜서 염불을 돕는 보조수행[助行]으로 삼아야 합니다.

14. 오계의 생활화

오계(五戒)란 곧 불살생(不殺生), 불투도(不偸盜), 불사음(不邪淫), 불망어(不妄語), 불음주(不飮酒)입니다.

불살생은 바로 인자함[仁]이요,
불투도는 의리[義]이며,
불사음은 예의[禮]요,
불망어란 신용[信]이요,
불음주란 곧 지혜[智]입니다.

이 5가지 계율을 잘 지키면 세간의 오상(五常: 仁·義·禮·智·信)을 갖춘 사람이 될 수 있습니다.

이 세상이 가장 필요로 하는 것은,
자비와 사랑[慈愛]이지 잔인함[殘忍]이 아니요,
도덕과 의리[道義]이지 억세고 포악함[强暴]이 아니며,
예의와 양보[禮讓]이지 삿되고 왜곡됨[邪曲]이 아니요,
믿음과 진실[信實]이지 속임[欺詐]이 아니며,
이성과 지혜[理智]이지 어리석음이 아닙니다.

염불하는 사람들이 오계를 잘 지킨다면, 인애(仁愛), 도의(道義), 예양(禮讓), 신실(信實), 이지(理智)를 기를 수 있어, 사회에

서는 정인군자(正人君子)가 될 수 있고, 또한 정토왕생의 자량(資糧)이 될 수 있습니다.

그리고 삼귀의와 오계(五戒) 외에도 37조도품(助道品) 속의 사념처(四念處)와 팔정도(八正道)에 대해서도 자주 생각해 봐야 합니다.

임종이 되었을 때 훈습된 업[熏業]이 나타나서 평소 부르던 아미타불과 여러 성인(聖人)들이 이때에는 진짜로 모습을 나투시어 여러분을 극락으로 영접[接引]할 것입니다. 평소에 생각하고 그리던 서방정토의 청정하고 미묘한 경계가 그 찰나에 눈앞에 나타나게 됩니다. 중생이 바로 부처이고 부처가 곧 중생이니, 모든 것은 이 성품 속에 원만히 갖춰져 있습니다.

— 담허대사의 <염불론> 중에서

15. 사념처와 팔정도란

무엇이 사념처인가?

첫째, 몸이 청정하지 않음을 관찰해야 합니다[觀身不淨].
이 몸은 온 곳이 깨끗하지 못하고9),
가는 곳 깨끗하지 못하며10),
그 종자 또한 깨끗하지 못하고11),
또 안과 밖이 깨끗하지 못하며12),
모든 것이 깨끗지 못하니, 「구경부정(究竟不淨)」입니다.

둘째, 느낌이 괴로움임을 관찰합니다[觀受是苦].

대강 얘기 하자면, 고통에는 여덟 가지가 있는데,
태어나는 괴로움[生苦],
늙는 괴로움[老苦],
병드는 괴로움[病苦],
죽는 괴로움[死苦],
사랑하는 사람과 헤어져야만 하는 괴로움[愛別離苦],

---

9) 사람은 음부로부터 태어났기 때문이다[來處不淨].
10) 사람이 죽으면 피 고름으로 변하여 나중에 흙으로 돌아가기 때문이다[去處不淨].
11) 부모의 정혈로 이루어졌기 때문입니다[種子不淨].
12) 안으로는 피, 근육, 뼈 등이고 밖으로는 모발, 손발톱, 치아 등이 깨끗하지 못하다[內外不淨].

원수와 만나야만 하는 괴로움[怨憎會苦],
원하는 것을 얻지 못하는 괴로움[求不得苦],
오음이 치성한 괴로움13) 등이 있습니다.

자세히 설명하자면, 한량없는 고통이 있습니다. 한 사람이 집에서든, 사회에서든 번뇌가 없을 수 없고, 뜻대로 되지 않는 일들이 십중팔구지요. 이런 뜻대로 되지 않는 일, 내 맘을 따라주지 않는 일들이 곧 괴로움입니다.

셋째, 마음이 무상함을 관찰합니다[觀心無常].
우리의 마음이 찰나 생멸을 거듭해서 항상 머무르지[常住] 않음을 관찰해야 하지요.

넷째는 법에 무아[觀法無我]임을 관찰합니다.
모든 법은 가명(假名)과 가상(假相)이고, 어느 곳에도 참된 나란 없습니다.

간략히 설명하면, 이것이 곧 사념처(四念處)인데, 늘 이렇게 관찰하면 염불에 대한 신심을 확고하게 할 수 있습니다.

그럼 무엇이 팔정도(八正道)일까요?

바로 정견(正見), 정사유(正思惟), 정어(正語), 정업(正業), 정명(正命), 정정진(正精進), 정념(正念), 정정(正定)입니다.

---

13) 색(色) 수(受) 상(想) 행(行) 식(識)이 바깥경계에 탐착하여 번뇌의 불길이 치솟아 꺼질 줄 모르는 고통이며, 이는 모든 고통의 근원이다[五陰盛苦].

바른 견해[正見]란, 삿된 견해를 갖지 않는 것인데 보지 말아야 할 것은 보지 말아야 하며, 자신의 눈이 오염되지 않도록 해야 합니다.

바른 사유[正思惟]란, 마땅히 생각을 하지 말아야 할 것을 생각지 않는 것이며, 자신의 순결한 마음을 오염시키지 않는 것입니다.

바른 말[正語]이란, 하지 말아야 할 말은 하지 않으며, 자신의 입을 더럽히지 않는 것이지요. 바른 직업[正業]은, 정당한 직업을 갖는 것을 말합니다.

예를 들면, 염불하는 사람과 사회에서 전문적으로 하는 자선사업, 의사가 되어 아픈 사람을 치료하고, 죽어가는 사람을 살리는 것 등도 일종의 직업이지요.

또 관(棺)을 파는 일, 소를 잡고 돼지를 죽이는 일도 일종의 직업입니다.

이른바 「시인(矢人: 화살을 만드는 匠人)은 오직 사람이 다치지 않음을 근심하고, 함인(函人: 갑옷과 투구를 만드는 사람)은 오직 사람이 다칠까 걱정한다」는 말이 있듯이 직업은 다 직업이지만 후덕(厚德)하고 복을 쌓을 수 있는 바른 직업을 찾아야 한다는 것입니다.

바른 정진[正精進]은, 정업과 연관이 있는데 위에서 말한 각종 직업을 가진 사람들 모두가 정진(精進)을 하지만, 하나는 해탈하여 부처님의 길로 나아가는 정진이고, 하나는 삼악도로 타

제4부. 염불론

락하는 정진입니다. 또 염불하는 사람들이 아침 일찍 일어나서 밤늦게까지 용맹정진 하는데, 이것이 곧 성불의 길을 향한 바른 정진[正精進]입니다.

바른 생각[正念]은, 염(念)자는 곧 사람들의 염두(念頭)로서, 우리의 마음속에서 생각이 막 일어나려 하나 아직 일어나지 않은 그때를 염두라고 합니다. 정념(正念)은 어디서나 착한 마음, 좋은 마음으로 출발하여 조금도 바르지 않은 삿된 생각을 갖지 않는 것이고,

바른 선정[正定]이란, 만약 정당한 일이라고 생각되면 전심(全心)으로 하는 것인데 무엇이 정당한 일일까요?
염불하는 것이 정당하고 좋은 일이므로 전심으로 염불하여 일심불란(一心不亂)에 이르고, 염불삼매에 드는 것이 곧 정정입니다.

바른 생활[正命]이란, 위에서 말씀드린 갖가지 정당한 일로써, 자신의 신·구·의(身口意)를 점검하고 처음부터 끝까지 청정한 삼업(三業)으로 정법(正法)을 좇아 사는 것이며, 절대 다른 삿된 삶을 살지 않는 것입니다.

이렇게 팔정도(八正道)를 해석한 것은 다만 초심자를 위한 방편설이며, 교리적으로 깊이 들어가서 얘기하면 이처럼 간단하지가 않습니다.

16. 염불의 방법

염불인은 일심으로 염불하는 것 외에 몸과 마음의 해이해짐을 막고, 믿음[信]과 원력[願], 염불수행[行]을 견고하게 하기 위해 항상 사념처(四念處)와 팔정도(八正道)로 자신의 몸과 마음을 점검하고 단속해야 합니다.

염불하는 방법도 마땅히 자신의 근기에 따라 알맞게 선택할 수 있는데, 대체적으로 지명염불(持名念佛), 관상염불(觀想念佛), 관상염불(觀象念佛), 실상염불(實相念佛)이 있습니다.

그 밖에 가장 쉬운 방법이 호흡염불인데, 숨을 들이 쉴 때 '나무아미', 내쉴 때 '타불'을 하는 것이지요.

한 숨이라도 남아있으면 한번 염불을 하게 되며 오래오래 지속하다 보면 행주좌와(行住坐臥)에 한마디 아미타불이 끊이지 않게 됩니다.

이것이 곧 참다운 정진(精進)입니다.

17. 실천하지 않으면 진정한 지혜 아님

　사람이 임종 시 마지막 숨이 끊어지려할 때, 그 사람의 일생 동안 지은 업은 최후의 호흡 속에서, 한마디 아미타불을 따라 극락왕생하여 부처님을 친견하게 됩니다.

　염불왕생에 관하여 출가와 재가, 남녀노소의 임종 시 갖가지 상서로운 모습은 모두 《왕생전(往生傳)》에 수록되어 있어서, 이런 사례는 하도 많아 일일이 다 열거할 수 없을 정도입니다.

　제가 출가 후 직접 두 눈으로 본 사례만도 스무 몇 분이나 되는데, 기타 전해들은 사례는 너무 많아 이루 다 헤아릴 수가 없습니다.

　지금 여러분들의 신심을 불러일으키기 위해 제가 직접 본 사례 가운데 세 분의 사례만 들어 보겠습니다.

　첫 번째는 출가스님이신 수무(修無) 법사 이십니다.

　이 분은 영구(營口) 사람으로 벽돌과 기와를 쌓는 장인(匠人) 출신이었습니다. 생활형편이 좋지 않았고, 일할 때도 고생이 싫었기 때문에, 우리들이 살고 있는 이 세상에는 고통만 있고 즐거움이 없다는 것을 느끼고 항상 이 괴로움에서 벗어날 방법을 생각하였지요.

 나중에 다른 사람들로부터 염불이 좋다는 말을 듣고 곧 발심하여 염불을 하였습니다. 출가 후 정식으로 불법을 듣고 난 그는 염불하는 마음이 더욱 더 간절해졌으며, 만나는 사람마다 염불할 것을 권하셨습니다.

 민국18년(1929) 제가 동북 하얼빈 극락사에서 체한(諦閑) 노스님을 초청하여 계를 전(傳)할 때였습니다.

 어느 날, 한 스님이 저를 찾아와서, "영구에서 수무(修無)라는 스님이 오셨는데 전계(傳戒)하는 동안 발심하여 고행을 하시겠답니다" 하는 것이었습니다.

 그래서 수무 스님을 제게 모셔왔는데 제가 물어봤지요.
"뭘 할 수 있습니까?"
"저는 환자를 돌보는 일을 하겠습니다."

 극락사 감원(監院)직을 맡고 있던 정서(定西) 스님께서 요사채 방 하나를 내 드렸습니다.
 그 뒤로 열 며칠이 지난 뒤, 수무 스님이 저를 다시 찾아와서 가겠다는 것이었습니다.

 이때 정서 스님이 옆에서 말씀하셨지요.
"스님이 스스로 발심하여 환자를 돌보겠다고 해놓고선 열흘밖에 지나지 않았는데 벌써 가겠다고 하십니까? 너무 항심(恒心)이 없는 게 아닙니까?"

"제가 다른 곳으로 가려는 게 아니라 극락왕생을 하려 합니다. 부탁이니, 감원스님께서 자비심을 내시여 장작 몇 백 근만 준비하여 주시고 제가 죽은 뒤 다비를 해 주십시오."
"언제 갈려는가?"
"열흘 내로 갈 겁니다."
이 말을 마친 수무 스님은 자기 방으로 되돌아갔습니다.

다음날 수무 스님은 저와 정서 스님을 다시 찾아오셨습니다.
"스님들께 휴가를 부탁드립니다. 제가 오늘 갈 건데 방 하나를 잡아 주시고, 거사님 몇 분만 부르셔서 염불로 저를 배웅케 해 주십시오."

정서 스님은 빈 방을 한 칸 찾아 널판자 몇 개를 펴서 침대를 만들고, 또 외료(外寮)에서 스님 몇 분을 모셔와 염불을 해 드렸습니다.

수무 스님이 왕생하기 전 염불을 해 드리려고 모인 사람들이,
"수무 스님! 오늘 곧 불국토로 가실 텐데 시를 몇 구절 적어 주시던지, 아니면 게송이라도 지으셔서 기념으로 남겨주십시오"라며 부탁했습니다.

그러자 수무 스님은,
"나는 태어날 때부터 머리가 둔해서 시를 지을 줄도 모르고 게송도 지을 줄 모르오. 다만 경험의 말을 여러분께 들려주고 싶은데, 바로 말만하고 실천을 하지 않는다면 그건 진정한 지혜가 아니라오[能說不能行, 不是眞智慧]"라고 말씀하셨지요.

수무 스님의 이 말을 들은 대중은 모두가 마음이 놓이고 편안해짐을 느꼈지요.

이어 대중이 다 같이 소리 내어 염불하니 수무 스님도 서쪽을 향해 앉아 염불을 하기 시작하셨습니다. 그렇게 염불을 한 지 15분도 채 못 되어 스님은 왕생을 하셨습니다.

상주(常住)에서는 임시로 감실(龕室)을 하나 만들어 밤이 되자 그를 감실로 옮겼습니다. 비록 그때가 더운 날씨였음에도 불구하고 그 얼굴이 맑고 수려함이 평소와 달랐을 뿐만 아니라 몸에서는 조금도 나쁜 냄새가 나지 않았으며, 파리 한 마리도 달려들지 않았습니다.

체한 노스님은 물론 일반 신도들도 서로 다투어 보러 몰려들었으며, 그 희유함을 찬탄하셨지요.

이튿날, 나무에 불을 붙여 다비식을 지내는데 빨간 불과 흰 연기에 조금도 이상한 냄새가 없었습니다.

그 후 반대부(潘對鳧) 노거사님께서 이 일을 들으시고 특별히 수무 스님의 생애와 염불사적에 관하여 한편의 문장을 지어서 여러 사람들에게 나누어 드리면서, 스님들 가운데서도 좋은 모범이라고 칭찬을 하셨습니다.

18. 오고감이 자유자재함

두 번째는 정석빈 거사님인데, 산동성 즉묵(即墨) 사람으로 장사를 하였습니다. 불경(佛經)을 읽다가 염불이 좋다는 것을 알고는 곧바로 발심하여 염불하셨으며, 평생 장가를 가지 않았습니다.

민국 22(1933)년 청도에서 제가 귀의와 염불에 대한 법문을 해드렸는데, 그 뒤로 그의 염불하는 마음은 더욱 더 간절해졌지요. 그래서 집안일은 모두 동생에게 내맡기고 그는 일심으로 염불만 하였습니다.

그 후 그는 또 《아미타경》을 배워 능숙하게 강의를 하실 수 있었는데, 해마다 꼭 즉묵에서 청도로 오셔서 하루 이틀 묵어 가곤 하였으며, 평도현(平度縣)의 불자들에게 몇 차례씩 법문을 해주곤 하셨습니다.

민국24년에는 정거사가 저를 초청하여 평도에서 법문을 한 적도 있었지요. 28년 봄, 정거사는 또 청도를 거쳐 평도현에서 경전강의를 하셨는데, 그 뒤로 2주 후 평도현에서 아는 사람이 와서 저에게 이렇게 말하는 것이었습니다.
"스님, 들으셨습니까? 정석빈 거사님이 돌아가셨습니다."

이 말을 듣고 저는 깜짝 놀랐습니다.
"열흘 전 정거사가 여길 떠날 때만해도 괜찮았는데 이렇게 빨리 갈 줄이야! 그래 무슨 병으로 어떻게 돌아가셨는가?"

그가 제게 들려준 이야기는 다음과 같습니다.

정석빈 거사님이 《아미타경》 강의를 마친 후, 법문을 듣던 사람들은 다 흩어지고 일을 보던 사람만 몇 분 남게 되었습니다. 서로가 오랜 친구사이였기에 저녁식사를 같이 하게 되었지요.

식사를 마친 후 정거사는 친구들에게 가겠다며 방 한 칸 빌려줄 것을 요청하였습니다.
의아하게 여긴 한 친구가 물었지요.
"간다면서 방은 왜 빌리는가?"
"내가 오늘 극락왕생을 하려는데 다른 사람 집에서 죽으면 혹여 금기를 범할까 그러네."

그러자 친구들이 말했습니다.
"자네와 우린 오랜 친구 사이가 아닌가. 극락왕생이 아니라 중병이 들어 우리 집에서 죽어간다 해도 마땅할진대 무엇 하러 따로 방을 찾는단 말인가. 지금 여기에는 불법을 믿고 염불하는 불자들이 많이 있으니, 자네가 정말로 왕생할 수 있다면 이 지방에서 염불하는 사람들에게 한번 보여주시고 본보기가 되어주시게나."

이렇게 해서 그의 친구는 자신의 집에서 방 두 칸을 정리해서 내어주고 침대를 하나 만들어 주었습니다.

정거사는 친구들과 간단한 작별인사를 하고는 옷을 몇 번 툭툭 털고는 침대 위에서 서쪽을 향해 가부좌를 틀고 단정히 앉았습니다.
"여러분께 휴가를 부탁드립니다. 저는 지금 가려 합니다. 우리가 지중한 불법의 인연으로 만났으니, 마지막 가는 길에 염불로 저를 배웅해 주십시오."

이때 옆에 있던 친구가 말했습니다.
"임종이 다 됐는데 아직도 게송을 짓지 않았는가? 우리에게 기념으로 남겨주시게!"
"무슨 게송이 더 필요하단 말인가? 지금 나의 이 모습을 보고 있지 않는가. 오고감이 자유자재하다네. 자네들도 나처럼만 될 수 있다면 이 얼마나 좋은 기념이란 말인가?"

이 말을 마친 정거사는 대중의 장엄한 염불소리 속에서 15분도 채 안되어 얼굴에 미소를 머금고 극락왕생을 하셨습니다.

그 후 평도현 일대 사람들은 모두 염불이 좋다는 사실을 알게 되었고, 많은 사람들이 불교를 믿게 되었습니다.

정거사의 동생은 처음엔 형님이 가정과 사업을 다 버리고 염불만 하는 것을 보고 마음속으로는 매우 못마땅하게 여겼지요.

나중엔 형님의 여러 차례 권유로 마지못해 염불을 하였지만 간절하지는 않았습니다. 형님이 왕생할 때와 갈 시간을 미리 알고, 오고감이 자재(自在)한 것을 직접 본 동생은 염불이 절대로 사람을 속이는 일이 아니라는 것을 알고 일심으로 염불하다가, 3년 후 본인도 미리 갈 시간을 알고 극락왕생하였지요.

다만 임종 시 약간의 병이 있어 형님처럼 시원스레 가지는 못했습니다.

19. 여 거사 장씨 이야기

　세 번째는 여(女) 거사 장(張)씨인데 청도사람이며, 슬하에 아들 하나 딸 하나를 두었지요. 집안형편이 어려워서 남편은 항구부두에서 인력거(人力車)를 끌어 생계를 유지하였습니다.

　장씨는 청도 시내에 위치한 담산정사(湛山精舍) 근처에 살고 있었는데, 정사(精舍) 내에 염불회(念佛會)가 있어서 일요일이면 제가 담산사(湛山寺)로부터 그곳에 가서 법문을 하였습니다.

　거사님들은 경을 듣고 난 후엔 한 시간씩 염불을 하셨는데, 장씨는 이런 인연으로 삼보에 귀의하고 불법을 만나게 되었으며 그 믿음이 아주 독실했습니다.

　평소엔 집에서 염불하고 일요일만 되면 두 아이를 데리고 염불회(念佛會)에 와서 강의를 듣고 강의가 끝나면 대중과 함께 염불을 하셨지요.

　민국26년 겨울 어느 날, 아침 일찍 일어난 장씨는 문득 남편에게 이렇게 말하였습니다.
　"당신이 아이들을 데리고 잘 지내세요. 저는 오늘 불국토로 왕생할 거예요."

장씨의 남편은 먹고 사는데 바빠서 불법에 대한 훈습이 적었으므로 화난 얼굴로 꾸짖었습니다.
"그만해! 우리 집이 가난한 것도 모자라서 당신까지 왜 이러는가."

남편은 아내의 말에 아랑곳 하지 않고 인력거를 끌고 부두로 일하러 나갔습니다.

장씨는 또 두 아이에게 당부했지요.
"난 오늘 극락세계로 갈 것인데 너희들은 앞으로 아빠 말씀 잘 듣고 말썽 피우지 말거라."

이때 두 아이들은 큰 애가 열 살이고 작은 아이가 다섯 여섯 살 밖에 되지 않았습니다. 비록 엄마의 말은 들었지만 무슨 뜻인지도 모르고 여전히 문 앞에서 뛰어 놀았지요.

장씨는 집안일을 대충 정리하고 나서 세수를 하고 머리도 빗었습니다. 워낙 어려운 살림이었기에 갈아입을 새 옷이 없어 빨아놓은 헌 옷을 입고 침대 위에서 서쪽을 향해 앉아 염불하면서 왕생하였습니다.

장씨의 두 아이는 밖에서 놀다가 배가 고파서 집에 들어 왔는데도 엄마는 침대위에 가만히 앉아만 있는 것이었습니다. 아이들이 평상시처럼 밥을 하지 않은 것을 보고 가까이 가서 불러 봐도 대답이 없고, 손으로 밀어 봐도 움직이지 않았지요. 그제야 엄마가 돌아가신 것을 알고 울면서 옆집으로 달려가 소식을 전했습니다.

소식을 듣고 달려온 이웃사람들은 비록 장씨가 죽은 지 한참이나 지났지만, 얼굴은 살아생전과 같은 것을 보고 염불공부(念佛功夫)가 깊었음을 찬탄하였답니다.

나중에 남편이 돌아와서 한바탕 슬피 울었지요. 집안사정이 어려워 염(殮)할 돈이 없어서 불학회(佛學會)의 여러 거사님들이 돈을 모아 장례를 치러 주었습니다.

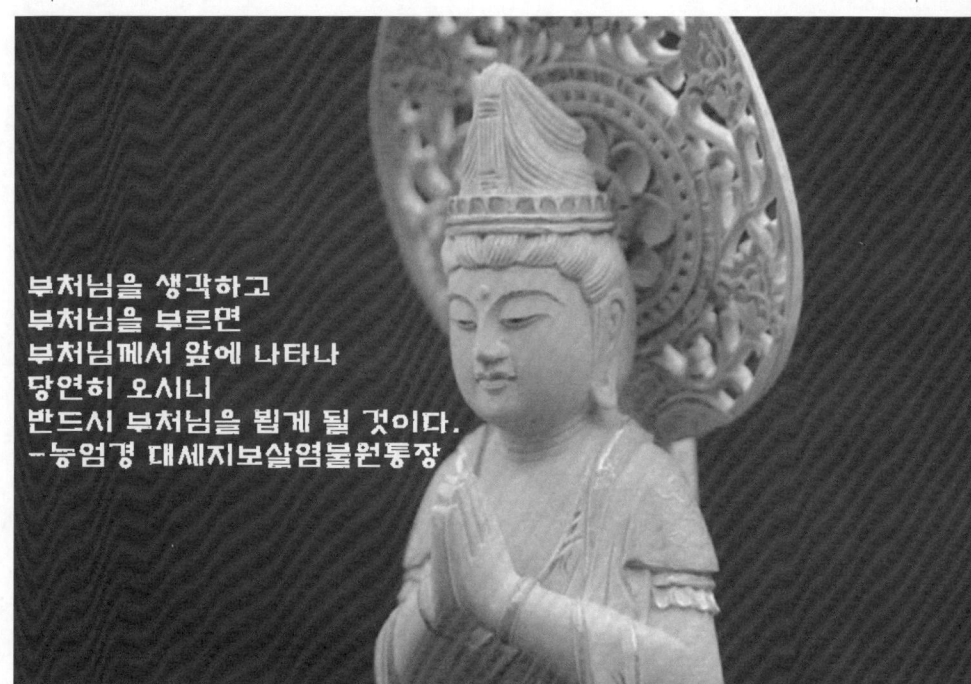

부처님을 생각하고
부처님을 부르면
부처님께서 앞에 나타나
당연히 오시니
반드시 부처님을 뵙게 될 것이다.
- 능엄경 대세지보살염불원통장

20. 인생에서 가장 요긴한 일은 생사 해결

여러분!
인생에서 가장 요긴한 일은 생사를 해결하는 것입니다.

어찌 되었든 간에 우리는 자신의 생활환경에 맞추어 바쁜 시간 속에서도 짬을 내어 조용히 앉아서 시간이 허락하는 대로 염불을 하여야 하고 일을 할 때도 마음속으로 염불해야 합니다. 그렇지 않고 매일 살생, 투도, 사음, 망어를 일삼으며 온갖 업을 짓게 된다면 삼악도에 떨어짐을 면치 못할 것이며, 육도를 윤회하면서 끝없는 고통을 받게 될 것입니다.

부처님께서 《능엄경》에서 말씀하시기를,
『너는 나에게 목숨을 빚졌고, 나는 너에게 빚을 갚아야 하니 이러한 인연으로 백 천겁이 지나도록 늘 생사에 있다. 너는 나의 마음을 사랑하고 나는 너의 빛깔[色]을 가엾이 여기니, 이러한 인연으로 백 천겁이 지나도록 항상 얽혀있다.
오직, 살생(殺生), 투도(偸盜), 사음(邪淫) 이 세 가지가 근본이며 이러한 인연으로 업의 결과가 이어져 끊이질 않는다.』고 하셨지요.

여러분, 한번 생각해 보세요.
살생[殺], 투도[盜], 사음[淫]의 업을 지으면 얼마나 고통스러운가!

 받들어 권하건대, 여러분은 하루 빨리 염불하시고 또 염불을 많이 하십시오.
 "염불 한마디에 무량한 복이 늘고,
 부처님께 한번 예배하면 항하의 모래와 같은 죄업이 소멸된다"고 하셨습니다.

 이상 염불의 좋은 점에 대해 매우 산만(散慢)하게나마 대강 설명을 드렸습니다. 좀 더 상세하고 완전하게 알려거든《정토오경(淨土五經)》과《정토십요(淨土十要)》등을 참고로 하시면 됩니다.

 지금은 제가 여러분들의 신심을 불러일으키기 위해서 간략하게 설명을 드렸을 뿐입니다.

 바라건대, 여러분들이 염불의 이익을 안 이상 반드시 참된 신심을 갖추어서, 육근(六根)을 거두어들이고 정념(淨念)이 이어져서 착실하게 지극정성으로 염불하여 장차 다 함께 서방극락세계에서 만납시다.

 나무아미타불(南無阿彌陀佛)

1950년(庚寅) 1월1일
홍콩의 화남학불원에서(香港華南學佛院)
대광(大光 敬記) 삼가 기록함

※ 불교 중흥에 몸 바친 담허대사

스님의 휘(諱)는 융함(隆銜)이고 자는 담허이며 하북성 영하 왕씨 아들로서 속가 이름은 복정(福庭)이다. 부친의 휘는 덕청(德淸)이고 모친은 장씨이다.

모친의 꿈에 범승(梵僧)이 나타나 하룻밤 묵고 가게 해달라는 청을 받고 다음날 스님을 낳았다.

스님은 광서 원년(光緖 元年: 1874년) 6월 초하루에 태어났는데 3살이 되도록 부모를 부를 줄 모르고 오직 채식(喫齋) 두 글자만 말할 줄 알았으며 5, 6세가 되었을 때 어머님은 꿈에서 스님이 되어 있는 것을 보았다.

11살에 서당(鄕塾)에 들어가 사서를 읽었다. 12살 때 우연히 외갓집에 가게 되었는데 외할머니가 보니 엄연한 스님의 모습이었다.

14살에 서당을 그만두고 장사를 배우기 시작했는데 그때부터 출세의 뜻을 품었다.

17살에 결혼을 하였고 저승을 다녀오는 꿈을 꾸고는 출세의 뜻이 더욱더 견고해졌다.

26세에 연합군이 북경을 점령하자 전쟁을 피해 영구(營口)에 이르러 친구와 함께 제생당(濟生堂)약국을 운영하고 선강당에서 인과를 강술하며 시간이 나면 능엄경을 연독하였으며 깊이 깨달은 바가 있었다.

민국 6년(1917년) 43세에 또 다시 출가를 결심하고 몰래 집을 나와 천진으로 가서 청수원의 청지(淸池)화상의 소개로 내수현 고명사의 인괴(印魁)화상을 은사로 득도 하였고 절강성의 관종사에서 구족계를 받았다.

때마침 제한스님이 관종사에 계셨으므로 제한스님으로부터 천태교법을 전수 받았다. 스님은 마음을 기울여 가르침을 청하였고 남달리 진전이 빨랐다.

제한스님께서는 스님이 북방불교를 부흥하게 하기위해 각별히 정성을 다해 가르쳐 주셨다.

민국 9년에 도반인 관종사 주지스님 선정스님과 함께 대장경을 모시기 위해 북방으로 탁발을 나섰다. 영구에 도착하니 스님이 운영하던 약국이 아직 남아있었고 부인 모씨는 스님의 법문을 듣고 선정스님께 귀의를 하여 채식을 하며 염불을 하였다.

아들 4명 중에 두 분이 출가를 하였다. (부인과 아들이 미리 갈 시간을 알고 전부 극락왕생을 하였음)

스님은 중년에 출가를 하여 천태종의 법맥을 이어 받았으며 평생 강경과 설법, 사찰건립과 도제 양성에 혼신의 힘을 쏟아 부었다. 스님은 체구가 크고 위엄이 있었으며 목소리가 우렁찼다. 매번 법상에 오를 때마다 사부대중이 구름처럼 몰려들었는데 틈새를 파헤치고 막힌 구멍을 인도하여 원하는 가르침을 얻지 못한 이가 없었다.

스님은 수많은 곳에서 사찰을 중건, 중수하였으며 그 중에서 심량 반야사 천진 대비원이 제일 저명했다. 가능한 각 사찰에 불학원을 설치하여 후기 인재 양성에 심혈을 기울였으며 그 중에서 청도의 담산사가 성황을 이루었다.

스님은 평생 교(敎)로는 천태학을 가르치고 수행(行)은 정토를 근본으로 삼았다. 평소 후학들에게 지관(止觀)과 염불을 닦을 것을 가르쳐 주었으며 만나는 사람마다 염불할 것을 간곡히 권하였다. 문하에 염불공부가 깊어 미리 갈 시간을 알고 해탈을 얻은 자가 셀 수 없이 많았다.

스님은 30여 년간 반야심경 강의를 64번, 금강경 42번, 아미타경 24번, 능엄경 13번을 설하였고 시방총림을 9곳, 불학원(佛學院) 13곳, 굉법지원(宏法支院) 17곳을 건립하였고 해문(解門)은 천태, 행문(行門)은 정토로 대중들을 이끌었으며 각 사찰마다 오후 불식과 하안거에 계율을 엄격히 지키셨는데 북방불교에서 보기 드물었다.

항일전쟁 승리 후 장춘 반야사에서 전계(傳戒)를 마치고 청도의 담산사(湛山寺)로 돌아오신 스님은 상좌들의 요청으로 평생의 사적을 구술(口述)하고 제자 대광(大光)이 영진회억록(影塵回憶錄)을 편성했다.

38년 홍콩 신도들의 요청으로, 홍콩에서 법을 펴게 되었는데 석전완의 홍법정사에 주석하시면서 연이어 화남 불학원, 불교인경처, 도서관, 천태정사, 홍법불당, 제공(諦公)기념당, 청산극락사, 청수만 담산사 등을 창건하였다.

스님은 고령에도 불구하고 매일 대중들을 맞이하여 강의를 하셨으며 하루 종일 쉴 틈이 없었다. 항상 대중들에게 이르기를 불법의 요지(要旨)는 간파(看破), 방하(放下), 자재(自在)에 있다고 하셨다. 스님의 설법은 구름과 같고 비와 같아 직접 혹은 간접적으로 영향을 받아 불문에 귀의 한 자가 수백만에 이르렀다.

1963년 음력 6월 22일에 열반하셨는데 세수 89세, 승랍, 계랍은 46년, 법랍38년이었다.

8월 12일에 다비식을 거행하는데 출가, 제가 제자들이 전단과 침향 천여 근으로 다비식을 올렸다. 몇 리 밖에서도 향기를 맡을 수가 있었으며, 다비 후에 4천여 과의 사리가 나왔다. 구룡의 청수완, 담산(湛山) 산기슭에 사리탑을 세워 봉안하였다.

스님의 저술과 제자의 기록으로는 금강경 강의, 금강경 친문기, 심경의소, 심경강의, 심경친문기, 심경강록, 능엄경묘현요지, 보현행원품수문기, 보문품강록, 대승기신론강의, 천태전불심인기주석요, 시종심요의기, 신심명약해, 증도가약해, 염불론, 담산문초, 강연록 등과 제자 대광이 기록한 영진회억록 등이 있으며, 담산대사법휘(法彙)로 편집되어 중화속장경(中華續藏經) 속에 편입 되었다.

부처님 존호(尊號)를 염(念)하는 가르침은
경전에 널리 밝혀져 있다.
실로 한번만이라도 부처님 명호를 염하면
진사겁(塵沙劫)의 죄를 소멸하고,
십념(十念)을 갖추면 몸이 정토에 나서
영원히 위급한 환난에서 구제된다.
업장이 녹고 원액(寃厄: 원통과 재앙)이
소멸하여 길이 고통의 나루를 헤어날뿐만
아니라, 이 인연에 의탁(依托)한다면
마침내 각해(覺海)에 도달한다.
- 영명연수 선사
〈생사해탈의 오직 한 길〉 중에서

제5부.
정종심요 淨宗心要

정종심요淨宗心要

황념조黃念祖 거사 주강主講[14]

1. 세존께서는 오직 아미타부처님 본원의 바다를 설하셨다

전 세계에 정토종 신자는 매우 많지만, 정토종의 수승한 점을 진정으로 이해할 수 있는 사람은 매우 희유합니다. 중국과 일본에서는 공히 세상 사람들이 존경하는 선도대사께서 남기신 '석가모니 부처님께서 세상에 오신 까닭은 오직 아미타부처님 본원의 바다를 말씀하시기 위함이니라(釋迦所以興出世 唯說彌陀本願海)'라는 두 마디 말씀을 소중히 여기고 있습니다. 이는 세존께서 왜 세상에 오셨는가, 인간 세상으로 내려가 설법하시고 중생을 제도하였으며 갖가지 교화를 펼치셨는가? 그 유일한 원인은 아미타여래의 본원을 설하시는 것이었다는 말입니다. 이 두 마디는 어떤 특수한 명사 술어도 없어서 부처님께서 세상에 오신 까닭이 오직 아미타부처님 본원의 바다를 말씀하고자 함이었음을 모두 알아들을 수 있습니다.

그러나 확실히 이를 참으로 이해할 수 있는 사람은 대

---

[14] 황념조 거사의 어록집인 『심성록心聲錄』에 실린 글로 1989년 북경 광제사廣濟寺 염불칠念佛七 도량에서 강연한 녹음을 기초로 하여 1991년 북경연사北京蓮舍에서 정리한 것이다.

단히 희유합니다. 여러분 생각해 보십시오. 부처님께서 그렇게 많은 법을 설하셨는데, 왜 아미타부처님 본원의 바다를 말씀하셨다고 말하는가? 여기가 잘 이해가 되지 않습니다. 불경의 말씀은 너무나 깊기 때문입니다. 우리들은 한평생 이 두 마디 말을 진정으로 명백히 이해할 수 있다면 결코 헛되지 않을 것입니다! 이 말은 선도대사와 같은 수준이라야 얻어냈다 말할 수 있을 것입니다. 그래서 연지대사께서는 말씀하셨습니다. "선도대사는 사람들이 아미타부처님의 화신이라 한다. 설사 아미타부처님이 아닐지라도 관음·대세지·문수·보현보살과 동등한 인물일 것이다." 그래서 비로소 이렇게 말씀하실 수 있는 것입니다. 저는 이렇게 수승한 법문을 들을 수 있어, 부처님의 은혜에 깊이 감사하고 있습니다. 그리고 은혜에 감사하기 때문에 은혜에 보답하고 싶습니다. 그래서 이곳 염불도량에 와서 아미타부처님 본원의 큰 바다에 경의를 표시하기 위해「정종심요」를 공양하겠습니다.

불법은 심법心法을 전하는 것으로 심법의 강요를 심요心要라고 부릅니다. 정토삼부경 중에서『아미타경』은 소경小經이라 하고,『무량수경』은 대경大經이라 합니다. 어떤 사람은 다만 한 부의 경으로 여겨서『아미타경』을 소본小本이라 하고,『무량수경』을 대본이라고 하였습니다. 그래서 우리들은 이 두 경전에서 정토종요를 연구하였습니다.『무량수경』은 정종 제일의 경이고,『아미타경』은 가장 널리 유통되고 날마다 염송하는 경전입니다.

2. 아미타경 종요宗要

『아미타경』의 강종綱宗은 무엇입니까? 우익蕅益대사께서 가장 잘 말씀하셨습니다. 근대 정종의 대덕이신 인광印光대사께서는 우익대사께서 쓰신 『미타요해彌陀要解』에 대해서『요해』는 이 경전의 모든 주해 중에서 가장 훌륭한 것으로 석가모니부처님께서 직접 오셔서 주해하셔도 이것을 뛰어넘을 수 없을 것이라고 말씀하셨습니다.

소본(아미타경)의 종요는 신원지명信願持名, 즉 믿음과 발원으로 명호를 집지하는 것입니다. 소본을 연구할 때 우리는 우익대사를 따라갈 것입니다. 우익대사께서는 소본의 강종은 '신원지명信願持名'이라고 말씀하셨습니다. 믿음·발원·지명행(信願行)을 삼자량三資糧이라고 합니다. 집을 나서서 여행하려면 돈을 준비해야 하는데, 이것이 노잣돈(資)입니다. 식권을 휴대해야 하는데, 이것이 식량(糧)입니다. 휴대가 간편한 건조식품은 훨씬 더 확실한 식량입니다. 믿음·발원·지명행, 이 셋은 없어서는 안 되는 세 가지 자량입니다.

오늘 여러분께서는 모두 거사가 되셨습니다. 그런데 여전히 말만하고 믿지 않을 수 있겠습니까? 이번 염불도량에 참가하셨으면 당연히 극락세계가 있고, 아미타부처님이 있음을 알 것이며, 이것이 곧 믿음입니다. 그렇지만 이보다 더 수승한 믿음이 있습니다. 우익대사께서 그의 『요해』에서 이러한 믿음에 대해 여섯 가지를 드셨는데, 오늘은 간단히 조금 설명해보겠습니다.

믿음은 여섯 가지 믿음(六信)15)이 있는데, 지금 말씀드리고자 합니다. 극락세계가 있다고 믿고, 아미타부처님께서 계시다는 것을 믿는 것으로 이렇게 믿는 것이 사事이고, 이것은 사상事相입니다. 사상 차원에서 믿을 수 있으면 유리한 고지를 차지할 수 있습니다. 불학佛學을 전문적으로 연구하는 적지 않은 사람들은 이 측면을 믿지 않습니다. 아미타부처님께서 계시고 당연히 그가 부처님임을 믿는 것이 타인을 믿는 것(信他)입니다. 여섯 가지 믿음 중에서 사상을 믿고 타인을 믿는 것은 신심에서 가장 많은 부분으로 3분의 1에 해당합니다.

그리고 여섯 믿음에서 사상(事)과 상대적인 것은 이체(理)입니다. 그래서 사상을 믿고 또한 이체를 믿어야 합니다. 타인과 상대적인 것은 자신입니다. 타인을 믿고 또한 자신을 믿어야 합니다. 이 형태는 예를 들면 금으로 반지를 만들면 이것은 둥근 형태이고, 고리를 만들면 또 하나의 형태이며, 목걸이를 만들면 또 하나의 형태입니다. 그러나 당신은 이것을 반지라고 인식합니다. 귀걸이와 목걸이도 마찬가지로 모두 금이라고 인식하지 않고, 사상이라고 인식합니다. 금은 바로 이들 귀고리

---

15) "믿음[信]이란 자신(自身)의 본원심성(本元心性)·부처님의 말씀[法門]·원인(原因)·과보(果報)·사(事)·이(理)를 의심없이 철저하게 믿는다는 것을 말한다." 『미타요해彌陀要解』

와 반지의 본체입니다. 본체는 금으로, 차별적인 것이 아니라 평등한 것입니다. 그래서 이체理體, 이 본체는 변동하지 않고 생함도 멸함도 없습니다. 그것은 일체 형상을 출현시킬 수 있습니다. 금은 어떠한 형상의 물건도 나타날 수 있는데, 필경 장방형입니까? 일정하지 않습니다. 주조하는 상황에 근거하여 일체 상이 나타날 수 있습니다. 금은 반지를 만든 것으로 나타나는 것이 아니라 그것은 본래 있는 것입니다. 그것을 녹이지 못하고 사라지지 않으며, 금은 전부 다 있습니다.

이체와 사상, 우리들은 사상을 믿을 수 있고 또 이체를 믿을 수 있습니다. 이체는 바로 법신불입니다. 법신불은 미래제가 다하도록 허공에 가득하고, 과거도 현재도 미래도 없습니다. 이체와 사상을 같이 믿어야 합니다. 만약 흠결이 있으면 깊은 믿음이 아닙니다. 자신과 타인도 마찬가지 입니다. 타인(아미타부처님)을 믿을 뿐만 아니라 자신(본원심성, 자성본연)을 믿어야 합니다. 이것이 밀종密宗의 근본도리입니다. 수많은 사람들이 모두 밀종을 배우고 싶어 하지만, 이것이 밀종의 요령要領임을 알지 못합니다. 단지 관정灌頂을 받기만 하고, 수법修法16)은 수승한 법익法益에 이르지 못합니다.

밀종의 수승한 곳은 자기自己에 있는데, 바로 본존本尊입니다. 선종은 무엇을 부처(佛)라고 말합니까? "맑고 깊은 못을 마주한 것이 부처이다(淸潭對面就是)"라고 말

---

16) '가지기도법(加持祈禱法)'이라고도 한다. 밀교에서 행하는 식재(息災)·증익(增益)·경애(敬愛)·조복(調伏) 등의 4종 기도법(四種祈禱法)을 말한다.

합니다. 당신이 맑고 깊은 못의 물을 보고, 맑고 깊은 못을 대면하면 당신 자신이 바로 물 가운데 드러나는데 이것이 바로 자기입니다.『관경觀經』에 "이 마음이 그대로 부처이고, 이 마음이 그대로 부처가 된다(是心是佛, 是心作佛)" 하였습니다. 당신이 염불하고 있을 때 바로 이 마음으로 부처가 되는 것입니다. 당신이 부처가 되는 이 마음, 그것이 본래 그대로 부처입니다. 이것은 선종과 밀종이 완전히 일미一味입니다. 그래서 타인(아미타부처님)을 믿고, 자신을 믿어야 합니다.

다시 원인을 믿는 것(信因)과 과보를 믿는 것(信果)이 있습니다. 수많은 불교도들은 모두 이것을 잊어버렸습니다. 정말 인과를 믿는다면 감히 악한 일을 저지르겠습니까? 악한 일을 저지르면 그 사람은 변했습니다. 이것이 일반적으로 말하는 인과입니다. 믿음으로는 매우 모자랍니다. 여섯 가지 믿음에서 인과는 한 걸음 더 깊이 나가야 합니다. 단지 선하면 선한 과보가 있고 악하면 악한 과보가 있다고 믿는 것뿐만 아닙니다. 이것은 당연히 믿어야 하지만 깊은 믿음이 아닙니다. 깊게 믿는 것은 당신은 범부이고 믿음·발원·지명持名으로 한평생 염불하여 임종시 계속 염불하면 당신이 아비발치阿鞞跋致(불퇴전)를 이루게 될 것이라는 것을 믿는 것입니다. 당신은 본래 범부이고 믿음이 있고 발원이 있어 오로지 아미타불을 염하면 이 한 마디 한 마디 염念에는 어떠한 별도의 기교와 미묘함도 없지만 당신이 현생에서 얻는 과보는 결정코 성불입니다.

증득하여 물러서지 않으면 결정코 성불하는 것이 아닙니까? 이것은 믿음·발원·지명의 인因으로 무상보리의 과果를 얻는 것입니다. 수많은 사람들은 아마 믿지 못하는 것 같습니다. 일반인은 언제나 이것도 조금 닦고, 저것도 조금 닦고 싶으며, 이것도 구하고 저것도 구하고 싶어서, 이 수승한 인과를 믿을 수 없습니다. 그래서 우리들은 여섯 가지 믿음을 가져야 합니다. 여섯 가지 믿음을 가질 수 있다면 이미 매우 깊은 지혜를 가지고 있습니다. 만약 부족하다면 조금씩 증가시켜 가면 됩니다. 현재 사상을 믿고 타인을 믿는 것으로부터 시작해서 끊임없이 깊이 들어가고, 끊임없이 발전시켜 나가야 합니다. 병이 나면 내가 염불을 잘 할 수 있을지 믿을 수 없습니다. 기공사를 찾아 당신의 병을 치료한다면 당신은 기공사의 역량이 당신의 부처님 명호 역량보다 크다고 생각할 것입니다. 당신은 이런 신심에 마땅히 물음표를 쳐야 합니다! 그래서 모두 다 깊이 들어가고 깊이 믿어야 합니다. 이처럼 믿음에는 여섯 가지 측면이 있습니다. 이 여섯 가지 측면을 모두 깊이 믿어야 합니다. 이것이 바로 심요心要입니다.

염불을 많이 하든 작게 하든, 염불할 때 망상이 있든 망상이 없든 그것은 왕생의 관건이 아닙니다. 관건은 당신에게 깊은 믿음과 간절한 발원이 있는가에 있습니다. 그래서 우익대사께서는 "왕생 여부는 믿음과 발원의 유무에 달려있다"고 말씀하셨습니다. 발원은 「흔모극락, 염리사바(欣慕極樂 厭離娑婆 ; 극락세계를 좋아하여 가고 싶어 하고, 사바세계를 싫어하여 떠나고 싶어 함)」입니다. 이 일은 매우 쉬워 보이지만, 실제로는 전혀 쉽지가 않습니다. 특히「염리사바」이 네 글자는 대단히 어렵습니다. 얼마간 수행한 사람은 여전히 명성을 다투고 이익을 다툽니다. 이러한 명리는 모두 사바세계의 것이 아닙니까? 미련이 남아 있는 것이 아닙니까? 언제나 약간 개선하며 생활하고 싶어 합니다. 고치지 않고 생활한다고 해서 사바세계의 것이 아닙니까? 아녀자, 부부 이들의 감정은 다만 자신에 대한 상대방의 사랑이 진실하지 못할까 두려워하고 당신에 대한 나의 사랑이 진실이다, 나에 대한 당신의 사랑이 진실이다, 승강이 하며 매우 마음 아파합니다! 이러한 감정은 극락세계에는 없습니다. 극락세계는 모두 다 남자입니다. 이것이 바로 사바세계에 얽혀 묶임(纏縛)이고, 바로 이것이 본래 부처인 당신을 오늘 이런 형태로 타락시키게 합니다. 그래서 진정한 염리가 필요하고 일체 모든 것에 대해 미련을 갖지 말아야 합니다.

모두 다 출가해야 한다고 말하는 것이 아닙니다. 수많은 출가인은 몸은 출가하였지만, 마음은 집에 있습니다. 그도 또한 불교에서 지위와 명문을 다투고, 그도 또한 새로운 관계가 있으며, 그와 서로 친한 사람도 있고 또 서로 소원한 사람도 있으며, 모르는 사이에 파벌을 형성하기도 하며 일파와 단결하여 다른 사람을 공격하기도 합니다. 출가하였지만 집에 있으면 사바세계에 미련이 남아있는 것입니다. 거사들의 경우 가장 좋은 것은 집에 있으면서 출가하는 것입니다. 먼저 담박한 생활로부터 시작하여 점점 진실한 염리로 발전시켜 나가 털끝만큼도 미련이 없어야 합니다. 신심을 확고히 하고, 극락에 태어나길 즐겁게 발원하며, 착실하게 명호를 굳게 지니면(信心堅定 欣願極樂 老實持名) 삼자량이 원만합니다. 이것이 소본 『아미타경』의 종요입니다.

3. 대승무량수경 종요

대경(무량수경)의 종요는 발보리심發菩提心·일향전념一向專念·아미타불阿彌陀佛입니다. 발보리심은 정토종에서만 중시하는 것이 아닙니다. 어떠한 대승법문이든 당신이 참선을 하든, 교학을 하든, 특히 밀종을 하던 상관이 없습니다. 밀종이 수승한 까닭은 빠르게 성취하고 크게 성취하기 때문인데, 그 유일한 원인은 바로 보리심을 특별히 중시하기 때문입니다. 경을 보거나(간경看經) 가르침을 듣는 것(간교看敎) 등 갖가지 수행법은 모두 다 보리심과 떼어 놓을 수 없습니다. 보리심이란 어떤 마음입니까? 여섯 가지 믿음이 견고하여 모두 다 깊은 믿음이어야 하고, 사바세계에 대해 털끝만큼도 미련이 없어야 하며, 오직 일체중생과 함께 모두 다 극락세계에 도달하기 위해 정성 다해 닦을 것을 일심으로 발원하는 것입니다. 그래서 소경(아미타경)의 믿음과 발원도 바로 보리심입니다.

보리심은 대지혜大智慧·대자비大慈悲·대원력 세 가지가 일체인 이러한마음입니다. 일반적인 지혜가 아니고 대지혜이고, 반야입니다. 대자비와 대원, 이러한 마음이라야 보리심이라 합니다. 이것을 밀종에서 행원行願 보리심(수행자의 행원에 의해 생기는 보리심), 승의勝義 보리심이라고 합니다. 현교顯敎도 이것을 순사보리심順事菩提心이라 하고, 또 순리보리심順理菩提心이라고 합니다. 또는 세속보리심, 승의제勝義谛 보리심이라 부릅니다. 요컨대 두 가지로 나눌 수 있습니다. 두 가지를 구족한 것이라야 진정으로 보리심을 일으키는 것입니다.

당나라 시대 신라의 승려인 원효元曉 법사께서는 『무량수경종요無量壽經宗要』에서 "무상보리심은 첫째 사에 따라 발심함(隨事發心)이고, 둘째는 이에 수순해서 발심함(順理發心)이다"고 말씀하셨습니다.

'사에 따라 발심함'은 바로 우리들의 사홍서원四宏誓願입니다. "가없는 번뇌를 다 끊어오리다(煩惱無邊誓願斷)", 이는 단덕(斷德)으로 가없는 번뇌를 일제히 잘라버리는 것이 단덕입니다. "한량없는 법문을 다 배우오리다(法門無盡誓願學)", 이는 지덕(智德)으로 부처님의 이렇게 많은 법을 닦을 수 있고, 이렇게 많은 법이 대지혜이기에 지덕입니다. 번뇌를 끊으려면 지혜가 있어야 합니다. "가없는 중생을 다 건지오리다(衆生無邊誓願度)", 이것은 은덕(恩德)으로 중생에 대해 은혜가 있습니다. 그렇게 이 세 가지 서원이 합쳐서 일어나면 성불하니, "위없는 불도를 이루오리다(佛道無上誓願證)", 그래서 진정으로 사홍서원을 일으키면 일부분 보리심을 일으키는 것입니다. 이를 사에 따른 발심 또는 세속보리심이라 하고, 밀종에서는 행원보리심이라 합니다. 이런 마음을 일으킨 공덕은 불가사의합니다.

진일보하여, '이理에 수순하여 발심'합니다. 이理에 수순하여 발심하면 언어를 사용해서 말해서는 안 됩니다. 억지로 말하자면 실제 이 마음은 바로 자기 본래의 진심, 각오(覺悟 ; 깨달음)의 마음입니다. 보리가 바로 깨달음입니다. 깨달음이란 무엇입니까? 자기 자신을 깨달으면 바로 부처이고, 자기 본래 그대로가 부처입니다. 이 대각大覺은 언어가 문득 끊긴 자리(言語道斷)입니다. 언어의 길이 끊어져 말할 수 없는 가운데 억지로 말하자면 일체법은 모두 환 같고 꿈 같습니다. 이것은 인아人我의 집착을 깨뜨리는 것일 뿐만 아니라 법집法執도 깨뜨립니다. 『금강경金剛經』에서는 "일체 유위법은 꿈 같고, 환 같으며, 거품 같고, 그림자 같으니라(一切有爲法, 如夢幻泡影)"라고 말씀하십니다. 수많은 사람들은 경을 매일 염송하지만 이들 내용에 대해 눈먼 사람 같고 귀먼 사람 같습니다. 수많은 사람들은 매일 기공을 연마합니다. 기공을 연마하는 것을 진실한 일로 여깁니다. 이는 『금강경』과 격차가 너무 큽니다! 일체 유위법, 유위有爲라는 것은 무언가를 하고 싶어 하고, 무엇을 얻고 싶어 하며, 무엇을 단련시키는 것입니다. 이 몸뚱이를 변화시켜 무너지지 않은 몸을 성취하고, 9년간 면 벽공부로 단丹을 이루어서 신선이 되어 갖가지를 벗어 버릴 필요가 없습니다. 이런 것들은 모두 다 꿈같고 환 같습니다! 그래서 일체사상(일체에 상대되는) 법은 위에 서 말한 것처럼 법은 환과 꿈일 뿐만 아니라 아라한의 출세간법과 같습니다. 아라한은 법집을 깨뜨리지 못하 여 끊을 수 있는 번뇌가 있고, 증득할 수 있는 아라한 이 있으니, 이것이 법집을 이룹니다. 정각正覺은 응당 유有도 아니고 무無도 아니며, 사無와 리理에 걸림이 없 음을 알아야 합니다.

"부처님께서 제법이 공함을 설하심은 제유를 제거하기 위한 까닭이다(佛說諸法空, 爲除諸有故)." 부처님께서 제 법이 공하다고 말씀하신 것은 당신이 유에 집착하기 때 문입니다. 이러한 유를 깨뜨려야 합니다! 만약 공에 집 착한다면 그것은 더욱 나쁩니다. "만약 다시 공에 집착 하면 제불께서도 제도할 수 없다."고 하였습니다! 불교 의 수승하고 뛰어난 점은 바로 여기에 있습니다. 순리 보리심에서 이理는 실제이체實際理體로 간략히 본체라 합니다. 그것은 유도 아니고 공도 아니며, 공과 유가 둘이 아니며, 조용히 중도에 알맞습니다. 유에 집착하고 공에 집착하는 것은 모두 다 본체를 떠나는 것이고, 모 두 다 둘에 떨어지는 것입니다. 공은 유에 대해 말한 것으로 둘입니다. 둘이면 "불이법문不二法門"이 아닙니 다. 『유마경(維摩詰經)』은 바로 불이법문을 설한 경입니 다. 수많은 수행인은 이 둘 사이에서 맴돕니다. 이렇게 분리되면 본체로부터 매우 멀어집니다.

먼저 말도 여의고 사려도 끊어져야(離言絕慮)하며, 언설을 떼어 놓아야 합니다. 그래서 언설에 시비가 없어 달을 가리키는 손가락이고, 길을 가리키는 표지판입니다. 예를 들면 북경의 이화원頤和園에 이르면 표지판에 이화원이라 적혀 있습니다. 표지판이 가리키는 방향으로 따라가면 쉽게 공원을 찾을 수 있습니다. 그러나 수많은 사람들은 표지판이 있는 곳을 이화원이라고 여기는데, 그것은 큰 잘못입니다. 또 예를 들면 방안에 등불이 있습니다. 제가 손가락으로 가리켜 이것이 등불이라고 말합니다. 저는 손가락을 가리켰는데, 당신은 이 손가락이 등불이라 여깁니다. 현재 사람들의 착각은 여기에 있습니다. 특히 학자들이 그렇습니다. 이것은 등불입니다. 제가 말한 것은 잘못이 없습니다! 이것은 등불인데 그는 제 손가락이 가리키는 것을 따라가면 등불이 보임을 알지 못하고, 그는 저의 이 손가락이 등불이라 여깁니다. 말을 여의십시오, 말이 필요한 것도 아니고, 경이 필요한 것도 아니지만, 당신이 집착하면 바로 손가락이나 도로표지판에 사로잡히게 됩니다. 그래서 언어의 길이 끊어지고, 마음 가는 곳이 없어져야 합니다. 마음의 행처에는 길이 없습니다. 그래서 선종의 개오開悟와 밀종의 대원만대수인大圓滿大手印은 모두 다 "산이 막히고 물이 다하여 더 이상 길이 없는 줄 알았더니, 버들 우거지고 꽃이 밝게 핀 마을 하나 또 있는" 이러한 경지입니다. 불이 꺼지고 재가 식은 후에 차가운 재안에 돌연히 뜨거운 콩 한 알이 나타납니다. 이러한 해오(悟解)로부터 광대한 마음이 일어납니다. 이러한 부분에서 출발하여 이렇게 발심합니다.

번뇌가 선법과 대립하고 있음을 보지 않고 단지 번뇌를 끊고 선법을 닦아야 중도입니다. 어떤 사람이 번뇌와 선법은 평등하다는 말씀을 들었습니다. '나는 선을 닦을 필요도 없고 번뇌를 끊을 필요도 없다. 번뇌와 선법이 평등하다고 말하는데, 정말 평등할 수 있을까?' 오리구이(烤鴨)와 곰팡이 빵(黴面包)을 먹는 것이 같겠습니까? 만약 같을 수가 없다 해도 여전히 선법을 닦고 번뇌를 끊어야 합니다. 비록 선법을 닦고 번뇌를 끊을지라도 번뇌와 선법은 평등합니다. 중생을 제도하는 경우 제도하는 이(能度)와 제도받는 이(所度)란 마음이 없이 한량없고 가없는 중생을 제도해야 합니다. 『금강경』에서는 "이와 같이 무량무수무변의 중생을 제도하였지만, 실은 한 중생도 제도를 얻은 자가 없느니라(如是滅度無量無數無邊衆生, 實無衆生得滅度者)."라고 말씀하시는데, 바로 이런 뜻입니다. 내가 종일토록 중생을 제도하길 원하지만, 종일토록 누가 제도하는 이이고, 누가 제도 받는 이라는 생각이 없습니다.

그래서 보시할 때 삼륜체공三輪體空을 말합니다. 내가 일만 금을 친구에게 송금하려고 하는데, 안으로 일만 금을 보낼 수 있는 나(施者)를 보지 않고, 밖으로 일만 금을 받는 그(受者)를 보지 않으며, 중간에 일만금(施物)

을 보지 않는 것을 삼륜체공이라 합니다. 우리들은 보시공양하며 일체의 복을 닦을 때 모두 다 마땅히 삼륜체공을 체득하여야 합니다. 그렇다면 당신의 공덕은 일만 배·일만억 배 크고, 무한대일 수 있습니다. 왜냐하면 당신이 집착하면 유위법이 되기 때문입니다. 유위법은 공덕이 유한하고, 무위법은 무한합니다. 이理에 수순한 발심은 물러남이 없고, 이와 같은 발심의 공덕은 끝이 없습니다! 여러 부처님께서는 겁이 다하도록 연설하시지만, 그 공덕을 말씀하셔도 능히 다 말씀하시지 못한다고 하셨습니다.

『유마경』에서는 "아뇩다라삼먁삼보리심(보리심은 이것의 약칭임)을 발할 수 있음이 출가이니라(能發阿耨多羅三藐三菩提心是出家)"라고 말씀하십니다. 출가를 하고 싶은 사람이 수없이 많으나, 늘 곤란한 장애를 겪게 됩니다. 예를 들면 부모님께서 승낙하지 않으면 안 됩니다. 그러나 보리심을 발하면 출가이므로 재가인도 출가인과 같은 공덕이 있습니다. 『유마경』에서는 또한 "아뇩다라삼먁삼보리심을 발하면 일체 공덕을 구족하느니라(發阿耨多羅三藐三菩提心一切具足)."라고 말씀하십니다. 일체 공덕을 이미 구족하였으니, 다시 아무것도 모자라지 않습니다. 그래서 우리는 수행할 때 이렇게 근본을 틀어쥐어야 합니다! 그러면 일체 공덕을 구족합니다.

또한 『비바사론毘婆沙論』17)에서는 "이 법문은 제불의 아버지이다."라고 하였습니다. 이 법문은 곧 발보리심으로. 이것은 일체 부처님의 아버지입니다. "제불의 어머니"는 보이지 않습니다. 제불은 완전히 발보리심에서 나오는 것입니다.

또한 "제불의 눈이다"라고 하였습니다. 제불께서는 두루 제도해야 하고, 일체를 비추어 볼 수 있어야 합니다. 무엇이 눈입니까? 보리심이 눈입니다.

"무생법인의 어머니다." 우리들은 모두 다 꽃이 피어서 아미타부처님을 뵙고 무생법인에 듭니다. 무생법인의 어머니는 무엇입니까? 발보리심입니다. 꽃이 필 때 왜 무생법인을 증득합니까? 왜냐하면 당신이 일찍 진정으로 보리심을 발한 적이 있기 때문입니다.

"대자대비의 어머니이다." 언제나 닦고 읽히면 공덕이 한량없고 끝이 없습니다! 발보리심의 수승함을 찬탄합시다! 그것은 부처님의 부모입니다. 꽃이 피어 부처님을 뵙고 무생에 들어가니, 이것은 무생의 어머니입니다. 다시 『대반야경大般若經』18)에서는 "화살로 물건을 향해 쏘는 것과 같다(如以箭射物)"라고 말씀하십니다. 화살을 잡고 과녁을 쏘면 쏘아 맞출 수도 못 맞출 수도 있습니

---

17) "이 법문은 제불의 아버지이고, 제불의 어머니이며, 제불의 눈이고 무생법인의 어머니이며, 대자대비의 어머니이다. 항상 닦고 익히면 공덕이 한량없고 가없다." 『비바사론』
18) "화살로 물건을 향해 쏘면 혹 맞출 수도 혹 못 맞출 수도 있지만 화살을 땅을 향해 쏘면 맞추지 않음이 없는 것과 같다(如以箭射物, 或中或不中, 以箭射地, 無不中者)." 『대반야경』

다. 그러나 땅을 향해 쏘면 누구라도 맞춥니다. 이것은 보리심을 발하면 마치 화살을 잡고 땅을 쏘듯이 절대로 맞춘다는 뜻입니다. 이것이 발보리심의 공덕입니다.

다음으로 밀종의 보리심 공덕을 말해보면 더욱 더 깊어집니다. 우리들은 왕왕 근본을 버리고 말단을 구합니다. 가장 근본적인 것은 당신이 그것을 버리는 것입니다. 밀종의 경전인 『보리심의菩提心義』19)에서는 "보리의 마음은 성불의 근본이다(菩提之心, 成佛之本)"라고 합니다. 이런 보리의 마음은 성불의 뿌리입니다! 근본원천입니다! 일대사인연, 부처님께서 세상에 출현하신 일대사인연입니다. "일대사인연은 이것보다 나은 것은 없다(大事因緣莫過于此)." 일대사인연은 다시 발보리심을 넘어서는 것은 없습니다.

다음으로 "만약 지혜를 구한다면"을 설명하겠습니다. 만약 어떤 사람이 부처님의 지혜를 구하려 한다면 부처님이 바로 지혜입니다. 팔식(八識 ; 아뢰야식)을 굴려서 네 가지 지혜20)를 이루면 바로 지혜입니다. 열반삼덕涅槃三德은 법신·반야·해탈입니다. 해탈을 하면 다시 본래 지니고 있는 법신으로 돌아가고, 모두가 다 반야의

---

19) "보리의 마음은 성불의 뿌리다. 일대사인연은 이것보다 나은 것은 없다. 만약 부처님의 지혜를 구하려면 보리심을 통달하라. 부모님이 낳아준 이 몸으로 빨리 대각의 과위에 오른다."『보리심의』
20) "부처님의 지혜가 부사의지(성소작지)·불가칭지(묘관찰지)·대승광지(평등성지)·무등무륜최상승지(대원경지)임을 깨닫라"『무량수경』「제40품 변지, 의심의 성에 갇히다」. 상세한 설명은『무량수경 심요』(비움과소통), 정공법사 강설 참조.

미묘한 지혜에 전적으로 의지합니다. 부처님의 지혜를 구하려면 "보리심을 통달"해야 합니다. 보리심을 통달하면 "즉신성불卽身成佛"할 수 있습니다. 부모님이 낳아준 이 몸, 바로 이 몸으로 대각大覺의 과위를 증득합니다. 선종은 즉심성불卽心成佛이고, 밀종은 즉신성불卽身成佛입니다. 즉신성불의 관건은 철저히 보리심을 통달함에 있습니다.

그러나 현재 유감스럽게도 현교든 밀종이든 상관없이 무엇이 보리심인지 진정으로 명백히 깨달은 사람은 많지 않습니다. 잎 따고 가지 찾는 사람은 많지만, 근본을 중시하는 사람은 적습니다. 『보리심론菩提心論』21)에서는 "이 보리심으로 일체 부처님의 공덕법을 품을 수 있다."라고 말합니다. 이 보리심은 일체 제불의 공덕법을 포괄하고 함장含藏합니다. "만약 수증修證이 나타나면" 그래서 이것은 개오開悟와 같아서 대원만해大圓滿解·대원만견大圓滿見이 열린 후 대원만에 계입契入합니다. 이것은 선정과 같습니다!

5조 홍인대사는 6조 혜능대사에게 "자심自心을 이해하지 못하고 본성을 모르면 법을 배워도 이익이 없다."고 말씀하셨습니다. 자기의 마음을 이해하지 못하고 자기의 본성을 모르면 법을 배워도 아무런 이익도 없습니

---

21) "이 보리심은 일체 제불의 공덕법을 품을 수 있는 까닭에 만약 수증修證이 나타나면 일체도사를 위하고, 만약 근본으로 곧 밀엄국토로 돌아가면 자리에 일어나지 않고 일체불사를 성취할 수 있다." 『보리심론』

다. "자심을 알고 자신의 본성을 알면 장부丈夫·천인사 天人師이다." 당신이 바로 부처라면, 의발衣鉢을 그에게 주었을 것입니다. 출가하여 수계를 받은 사람에게 의발을 얻은 사람이 없다는 것은 천고千古에 제일로 기이한 일입니다. 그래서 당시 묘(廟 ; 사찰) 안의 사람들은 어찌 묘 안으로 천한 일을 하는 사람에게 부처의 의발을 가지고 가도록 하였는지 납득할 수 없었습니다. 그래서 뒤쫓아 갔습니다. 이것은 명리를 위해 뒤쫓아 간 것이 아닙니다. 여러분들은 이것이 너무나 납득이 되지 않음을 알아야 합니다.

위의 구절 "일체 도사를 위하고" 다른 사람을 깨닫게 하고 자신이 깨닫는 즉 "일체 도사는 근본으로 돌아갑니다(歸本)." 발한 바 마음은 바깥을 향해 달려 나가는 것이 아니고, 마음의 근원을 돌이켜 궁구하고 마음을 돌려 근본에 도달하는 것입니다. 근본(本)이란 본원本源, 본각本覺입니다. 구슬이 빛을 발하여(발심) 구슬의 몸체를 다시 비추는 것(귀본)입니다. 『정수첩요淨修捷要』에서는 "시각은 본각을 여의지 않아 구경각에 이르는 깨달음의 길로 곧장 달려갑니다."라고 말합니다. 시각이 본각과 합하면 깨달음과 떨어지지 않습니다.

게다가, "본本"은 바로 밀엄국토密嚴國土입니다. 밀엄국토는 바로 극락국토입니다. 밀종에는 "먼저 마음을 극락으로 보낸다(先送心歸極樂)"는 말이 있습니다. 이 말은 비록 자기 몸은 사바에 있지만 심신은 극락에 살 수 있고, 자기의 심신은 저 국토와 분리되지 않음을 가리킵니다. 이것은 처음 해석한 것이고, 한걸음 더 나아가면 마음과 국토가 불이하다는 말입니다. 만약 자신의 마음(自心)과 극락의 상적광토가 상응하면 자신의 몸(自身)이 당하當下에 즉시 법신대사法身大士입니다. 그래서 당하에 "자리에서 일어나지도 않고, 일체불사를 이룰 수 있습니다." 자리에서 일어날 필요도 없이 일체불사가 모두 원만히 이미 완성되었습니다(圓滿成辦). 이것이 바로 원돈교圓頓敎의 교지敎旨입니다. 만약 이해할 수 있다면 지극히 수승한 공덕이 있습니다. 설사 이해할 수 없을지라도 일단 이근耳根을 통과하면 모두 다 영겁에 소멸하지 않은 법익이 있습니다. 왜냐하면 모두 다 금강의 지혜이고 부처님의 진정한 심수心髓이기 때문입니다.

성불하려면 부처의 인因을 심어야 합니다. 부처란 각오覺悟입니다. 각覺이란 무엇입니까? 평등법平等法입니다. 자신의 마음과 부처님의 마음은 평등합니다. 석가모니 부처님께서 성불하실 때 말씀하신 제일구第一句는 "신기하고 신기하여라. 모든 중생들은 여래의 지혜 덕상을 모두 갖추고 있다. 오직 망상집착으로 증득할 수 없을 뿐이라(奇哉奇哉, 一切衆生, 皆具如來智慧德相, 唯以妄想執著不能證得)." 바로 이 한마디 말씀22)이었습니다. 일

---

22) "신기하고 신기하여라. 어찌하여 이 모든 중생들이 여래의 지혜를 모두 갖추고 있는가? 그런데 어리석고 미혹하여 알지 못하고 보지 못하는구나. 그러므로 내가 마땅히 성스러운 진리로써 가르쳐서 그들로 하여금 망상과 집착들을 영원히 떠나게 하고 스스로 자신 속에서 여래의 넓고 큰 지혜가 부처님과 전혀 다른 점이 없음을 볼 수 있게 하리라."『화엄경』「여래출현품如來出現品」

체중생, 파리나 개미들도 한가지로 모두 다 여래의 지혜 덕상을 지니고 있습니다. 단지 망상과 집착이 있기 때문에 그것을 나타낼 수 없고, 범부가 되었습니다. 누구를 탓하겠습니까? 자신을 탓할 따름입니다.

발심의 수승공덕은 앞에서 설명하였습니다. 만약 발심하지 않으면 어떠한가? 묻는다면 두 가지 측면에서 말할 수 있습니다. 『열반경涅槃經』에서, 부처님께서는 열반에 드실 때 "비록 별상別相을 믿을지라도"(차별의 능신能信에 대해) "일체, 무차별상을 믿지 않느니라"(자성은 일체이고, 본래 무차별의 상임을 일절 믿지 않음)이라고 말씀하셨습니다. 이를 "믿음을 구족하지 않음(信不具)"23)이라고 합니다. 현재 여러분들은 믿음을 구족하고 있는지 구족하고 있지 않은지, 여러분들은 스스로 『열반경』의 말씀에 근거하여 살펴보고 살펴보아야 합니다. 믿느냐 믿지 않느냐, 이것이 일체 무차별의 본체입니다! 만약 믿음을 구족하고 있지 않다면 경에서는 "믿음을 구족하고 있지 않은 까닭에 모든 경계도 또한 구족하지 못한다."고 말합니다. 이 말씀은 대단히 중요합니다. 왜냐하면 믿음을 구족하고 있지 않기 때문에 비록 진지하게 계를 지녀서 살생도 음주도 무엇 무엇도 하지 않을 지라도 당신은 여전히 오계五戒를 구족하지 못하고 있습니다.

---

23) 천제인(闡提人). 진리를 믿지 않거나 인과를 믿지 않고 악을 행하는 자를 말함.

"비록 많이 들었어도 구족하지 못하고 있느니라." 비록 법문을 많이 들었을지라도 가장 중요한 것에 대해 이해하지 못하고 있습니다. 고덕께서는 또 "보리심이 없으면 삼귀三歸·오계五戒 또한 성취하지 못한다."라고 말씀하셨습니다. 이는 근기가 상相에 이르렀음을 말합니다. 삼귀·오계를 모두 다 성취하지 못하였다면 부끄럽고 두려워하여야 합니다. 그래서 정말로 무엇이 순리보리심인지 정말로 분명히 알아야 합니다. 왜 삼귀·오계가 성취되지 않았다고 합니까? 불법의 근본 뜻을 명백히 이해하지 못하였기 때문입니다.

화엄경에는 또 한마디 말씀이 있으니, 여러분들은 이 말씀을 듣고 확실히 기억해두어야 합니다. 경에 이르길, "보리심을 잃고서 선법을 닦으면 마업이 되느니라(忘失菩提心 修諸善法是爲魔業)."라고 하였습니다. 보리심을 발한 적이 있으나 잊어버렸다면 선한 일을 하여도 마구니(魔)의 사업이 되어버립니다. 그래서 마침내 부처님 공부(學佛)를 하고 있으나, 여전히 마구니 공부를 하고 있습니다. 수많은 사람들은 이런 부분을 여전히 또렷이 이해하지 못하고 있습니다. 수많은 사람들은 자신이 부처님 공부를 하고 있다고 여기나, 이미 마구니 대열 속으로 출근하고 있습니다. 불전에서 발심문을 염송하고 불전을 나서면 모조리 잊어버려서, 번뇌가 예전대로 일어나고 화기가 여전히 왕성하여 법을 배워도 아무런 이익이 없습니다. 근본을 분명히 하지 못하고 단지 작은 선을 행하니, 마구니가 나갈 수 없습니다. 그래서 여러

분들은 여러 사람들에게 이 근본을 분명히 하라고 거듭 권하시길 희망합니다. 만약 그렇지 않으면 귀의함이 없어 불교도가 아닙니다.

위에서 설명한 순리보리심은 깊어집니다. 현재 정종의 초보 수행자는 어떻게 해야 합니까? 담란曇鸞대사의 『논주論注』[24] 중의 말씀을 인용하면 대사께서는 "무상보리심은 곧 부처가 되길 바라는 마음이다"라고 말씀하셨습니다. 성문연각을 구해서도 안 되고, 천상(천국)에 태어나고 싶어 해서도 안 되며, 천수를 누리다가 죽어서 다음 생에 부귀를 누리고 싶어 하는 것도 안 됩니다. 부처가 되길 바라는 마음을 일으켜야 합니다.
"부처가 되길 바라는 마음은 곧 중생을 제도하고자 하는 마음이다." 나 자신만 성불하는 것이 아닙니다. 불교의 위대함은 나를 위하는 것이 아닙니다. 왜 부처가 되고자 합니까? 중생을 제도하고자 부처가 됩니다. 어떻게 중생을 제도합니까? 즉 "중생을 거두어 부처님 계신 국토에 태어나게 하고자 하는 마음"입니다. 중생을 거두어 부처님이 계신 국토에 이르게 하고자 하는 마음입니다. 『대승기신론』에서는 "중생은 가지에 매달려 있는

---

[24] "이 무상보리심은 곧 부처가 되길 바라는 마음이다. 부처가 되길 바라는 마음은 곧 중생을 제도하고자 하는 마음이다. 중생을 제도하고자 하는 마음은 곧 중생을 거두어 부처님 계신 국토에 태어나게 하고자 하는 마음이다. 그러므로 저 안락국토에 태어나길 바라는 사람은 반드시 무상보리심을 일으켜야 한다. 만약 무상보리심을 일으키지 않고 다만 저 국토에 왕생하면 끊임없이 즐거움을 받는다는 것만 듣고 그 즐거움을 누리기 위해 그곳에 태어나길 바란다면 역시 왕생할 수 없다." 『왕생론주往生論注』

약한 새와 같다" 하였습니다. 작은 새는 간신히 날수 있으므로 나뭇가지에서 떼어놓으면 안 됩니다. 성취하지 못한 사람은 부처님으로부터 떼어놓으면 안 됩니다. 어떻게 중생을 제도합니까? 중생으로 하여금 부처님께서 계신 곳으로 이르도록 합니다.

"그러므로 저 안락국토에 태어나길 바라는 사람은 반드시 무상보리심을 일으켜야 한다." "만약 무상보리심을 일으키지 않고 다만 저 국토에 왕생하면 끊임없이 즐거움을 받는다는 것만 듣고 그 즐거움을 누리기 위해 그곳에 태어나길 바란다면 역시 왕생할 수 없다." 일체중생을 널리 제도하고 타인을 이롭게 하기 위해서가 아니라 오로지 자신이 행복할 수 있으면 되고, 법을 공부하는 것도 단지 모든 길상을 구하고 번뇌가 없기를 바라며, 단지 금생에 한 평생 좋을 뿐만 아니라 내가 죽어서 다음 세상에서도 좋아야 하고, 전부 개인을 위한 것은 대승의 마음이 아닙니다. 극락세계에 왕생하는 것은 모두 다 대승으로 그 가운데 성문연각이라 부르는 것은 미혹을 끊은 정도를 가리킵니다. 만약 발심을 논한다면 모두 다 대승의 마음을 일으키는 것입니다. 『왕생론往生論』에서는 "이승二乘의 종성으로 왕생하지 않네."라고 하였습니다. 이승二乘의 종성種性인 성문연각은 왕생할 수 없습니다. 그래서 정토대법淨土大法이 천하고 얕다고 여기지 마십시오.

대경(무량수경)의 종요는 「발보리심·일향전념·아미타

불」입니다. 우익대사께서는 "한마디 아미타불 부처님 명호는 석가모니 부처님께서 증득한 아뇩다라삼먁삼보리법이다"라고 말씀하셨습니다. 아미타여래께서 인지因地상에 계실 때 갖가지 대원을 발하셨고 몇 겁의 수행으로 부처님을 이루셨으니, 이것은 한량없는 갖가지 공덕의 과실입니다. 이 한마디 아미타부처님 명호는 무량겁이래 공덕을 성취한 것입니다. 그래서 명호는 공덕의 과실이고, 명호에는 자연히 무량한 일체공덕이 들어 있습니다. 현재 부처님의 이러한 과지果地, 각오覺悟의 과실은 우리들 박지범부를 위해 지으셨습니다. 생사고해生死苦海 한 가운데 중생은 인지에서 수행하고 있는 초심 수행자입니다.

아미타불, 이 부처님 명호는 만덕萬德을 갖추고 있습니다. 내가 아미타불을 염하면, 나의 마음은 바로 이 한마디 아미타불입니다. 이 한마디에는 아미타부처님의 만덕이 들어있어 나의 마음을 성취합니다. 그래서 나의 마음은 아미타여래의 만덕을 불러와서 불가사의를 직접 깨칠 수 있습니다. 정종淨宗의 묘용妙用은 우익대사의 『요해』에 발췌한 "사의 집지로부터 이의 집지에 도달하고, 범부의 마음 그대로 부처님의 마음을 이룬다(從事持達理持, 卽凡心成佛心)'의 두 마디 말씀을 따를 수 있습니다. 사의 집지(事持)는 사람마다 행할 수 있습니다. 여기서부터 시작하여 점차 업장이 맑아지고 공부가 순정한 경지에 이르며(垢淨功純),25) 은연중 도의 미묘함에 합치되며(暗合道妙), 이의 집지(理持)에 도달합니다. 이것은 범부의 마음이 이미 자기도 모르는 사이에 범부를 뛰어넘어 성인을 이루고 부처님의 마음을 성취함을 말합니다.

우리들은 시작하자마자 곧 이렇게 한마디 염불을 하면 됩니다. 그래서 수많은 할머님들이 착실히 수행하여 왕생하셨습니다. 복건福建 성에 사시는 80여 세의 할머니께서는 거의 10년간 채식하며 염불하셨습니다. 임종 시에 줄곧 8일 동안 식사를 하지 않고서 단정하게 앉아 염불하셨습니다. 사후에도 여전히 단정히 앉아 있었고, 의자에 채워둔 고정 걸쇠도 모두 흔들리지 않았으며, 여전히 매우 장엄하였다고 합니다. 80여 살의 나이였음에도 그녀는 사의 집지로부터 자기도 모르는 사이에 은연중 도의 미묘함에 합치되면서 이의 집지로 나아갔습니다. 당신이 염할 때 세간사에 모두 다 미련을 갖지 않고, 바깥의 온갖 인연(萬緣)을 놓아버려야 합니다. 마음에는 오로지 한마디 아미타불을 염하면 바로 일념단제(一念單提 ; 일념으로 아미타불 명호를 드는 것)입니다. 사의 집지로 이렇게 일체를 놓아버릴 수 있으면 머무는 바가 없습니다. 『금강경』의 종요는 "마땅히 머무는 바 없이 그 마음을 내어라(應無所住而生其心)"입니다. 이 머무는 바 없는 마음은 본래 등지보살登地菩薩[26]이

---

25) "공순업정功純業淨이란...염불행이 전일해진 후 오래도록 공부가 순숙해져서 「공부가 순정한 경지에 이른다(功純)」. 염불이 이미 육근을 거두어서 자연이 새로운 업이 만들어지지 않고 또 염불일성이 80억겁의 생사중죄를 소멸할 수 있는 까닭에 자연이 「업이 맑아진다(業淨)」", 『심성록心省錄』, 황념조 거사
26) 보살의 위位는 십신위十信位 · 십주위十住位 · 십행위十行位 · 십회향위十迴向位

라야 이룰 수 있는 사事이지만, 범부가 착실히 염불하면 자기도 모르는 사이에 은연중 도의 미묘함에 합치하여 온갖 인연에 머무르지 않고 쉬지 않고 마음을 내니, 지상보살과 같습니다.

그래서 염불공덕은 불가사의합니다(주문을 수지하는 것도 이와 같습니다). 사의 집지로부터 이의 집지에 이르기에 이러한 사의 집지를 행하는 범부의 마음은 당하에 부처님의 마음을 성취합니다. 곧 범부의 마음 이대로 부처님의 마음을 이루고, 마음 이대로 부처를 이루며(卽心成佛), 바로 깨칩니다(直接了當). 그래서 염불공덕은 불가사의합니다. 또 『관불삼매경觀佛三昧經』에서 수승한 비유를 찾을 수 있습니다. 한 가난뱅이가 왕자의 금병을 훔쳤는데, 그것은 보배였습니다. 다들 그를 추적하자 그는 나무에 올라갔습니다. 뒤쫓던 자가 나무를 넘어뜨리자 가난뱅이는 아래로 떨어졌습니다. 그런데 이때 그는 금병 보배를 그만 삼켜버렸습니다. 그는 마침내 떨어져 죽었습니다. 나중에 신체는 이미 썩었지만, 금병은 여전히 방광하고 있었는데, 그들 악인은 이미 놀라 달아났습니다. 이것은 부처님께서 말씀하신 비유입니다.

부처님께서는 또 아난에게 "염불에 머무는 자의 심인心

· 십지위十地位 · 등묘등각同了等覺 · 묘각妙覺으로 모두 합쳐서 52위이다. 등각보살은 부처와 비교하면 이미 차이가 많지 않아 서로 같은 각오覺悟로 보살에서 가장 높은 계위이다. 묘각妙覺은 바로 부처이고, 등지는 십지위에 오른 것으로 어떤 위에 오르든 모두 다 등지보살이라 한다.

印은 무너지지 않나니, 또한 이와 같으니라."라 말씀하셨습니다. 염불에 머무는 사람의 심인은 무너지지 않습니다. 이 가난뱅이는 보배를 먹은 후 이미 떨어져 죽었고, 사지도 이미 썩었지만 이 보배금병은 마음속에 방광하고 있었고, 악인들도 이미 놀라 달아났습니다. 그래서 염불을 하는 자는 마땅히 마음속에 착실히 한마디 부처님 명호가 있으면 심인이 무너지지 않음을 알아야 합니다. 심인心印이란 부처님께서 마음으로써 마음을 전하고 마음으로써 마음에 도장을 찍는 것을 말합니다. 마음으로써 도장을 삼아 만법을 인증합니다.

전법傳法, 전함이란 무엇입니까? 전함이란 마음입니다. 어떻게 인증할까요? 마음을 붙잡아서 인증합니다. 인印이란 인감印鑑입니다. 당신의 인감이 맞으면 다른 사람과 은행이 당신에게 돈을 지급합니다. 인감이 틀리면 본인의 돈이라도 은행에서 출금하지 못합니다. "염불에 머무는 자는 심인이 무너지지 않는다"란 『관불삼매경』의 경문입니다. 무너지지 않음이란 항상 비춤이고, 방광입니다. 선禪·밀密·정토는 서로 상통하는 곳이 많습니다.

4. 허운 노화상 설법의 정업심요淨業心要

1931년 복건성 공덕림功德林 거사 염불칠(念佛七 ; 7일간의 염불집중수행) 법회에서 중국 근대의 3대 고승(체한·인광·허운) 중 한 분이신 허운 노화상(화상은 나를 거두어 불문에 들인 첫 번째 은사이시다)께서는 마침 일이 있어 그곳에 계셨는데, 염불칠이 있다는 말을 듣고 가셨다고 합니다. 공덕림 거사들이 마침 염불을 하고 있었는데, 노화상께서 오신다는 말을 듣고 수많은 사람들이 마중 나가서 예배하였습니다. 생각지도 않게 노화상께서 그들을 크게 꾸짖고 나무라며 말씀하셨습니다. "그대들은 다 거사이고, 염불칠에 참가하여 수년간 부처님 공부를 잘 해왔다. 오늘 불칠도량인데, 그대들은 어찌하여 불법의 당번을 거꾸로 꽂았는가! 거꾸로 꽂았는가! 왜 뛰어나와 나에게 절을 하는가." 이러자 모두들 곧 돌아가서 똑바로 앉아 법문을 들었습니다.

화상께서는 이어서 "염불타칠念佛打七은 한마음(一心)을 중히 여긴다."라고 말씀하셨습니다. 이 말씀의 의미는 이렇습니다. 몸이 도량에 있으면 한마음 한뜻으로 닦아야 합니다. 만약 한마음 한뜻이 아니면 이쪽으로 보고 저쪽으로 들어서 누군가 하루 동안 잡담을 할 것입니다. 이렇게 염불칠에 참가하면 현재 성취하지 못할 뿐만 아니라 미륵보살께서 다시 오실 때까지 염해도 여전히 업장이 몸을 얽어맬 것입니다. 마땅히 머리부터 발끝까지 면밀하게 한마디 바로 뒤를 따라 한마디, 한 글자 한 글자 한마디 한마디 산란하지 않아야 합니다. 바로 이 한마디를 산란하지 말고 염하십시오. 잠시 떡을 먹고 싶어 하고, 잠시 또 텔레비전을 보고 싶어 하고, 잠시 또 집안 화로 위에 올려놓은 물주전자를 생각하는 바로 이 마음이 산란散亂입니다. 도량에서 이런 것들을 모두 내려놓고 「나무아미타불, 나무아미타불」 하십시오. 부처님께서 오셔도 이렇게 염하고, 노화상님께서 오셔도 말할 것도 없고 부처님께서 앞에 나타나셔도 이렇게 염하고, 마구니가 와도 이렇게 염해야 합니다. 바람이 불어도 스며들지 못하고, 비가 와도 적시지 못하며, 바깥의 무엇에도 방해받지 않을 정도로 염해야 성공하는 날이 있습니다.

부처란 무엇입니까? 부처란 각오覺悟입니다. 부처란 깨달음입니다. 마구니란 무엇입니까? 마구니는 마장과 번뇌(魔惱)입니다. 마구니란 번뇌이고, 뇌란惱亂이며, 당신을 번뇌케 하는 것입니다. 부처님은 당신이 깨달았다고 하였습니다. 부처님은 깨달으신 분입니다. 그래서 당신이 깨달았을 때가 바로 견불見佛하는 때입니다. 각심覺心이 또렷하게 비치는 것이 견불입니다. 번뇌가 일어나면 괴롭히거나 괴롭힘을 당합니다. 이러한 때 마구니가 나타납니다.
허운 노화상께서는 또 법문하셨습니다. "지금 막 불칠도량에 들어가자 수많은 사람들이 움직이지 않고 앉아 있다. 누가 와도 상관없이 부처님을 염하면 이러한 사람은 모두 견불할 것이다." "몇 명이 와서 나에게 절하고 마중하였는데, 그대들은 왜 마중하였는가? 세월을 헛되이 보내었고, 공연히 시간을 낭비하였다."(그래서 우리들은 모두 다 시간을 최대한 아껴야 한다. 시간은 바로 생명이다) "그렇다면 어찌 나 때문에 그대들의 큰 일을 뇌란시키는 것이 아니겠는가? 그대들이 염불할 때 내가 와서 그대들의 마음이 불안하여, 나와서 나를 마중하니 이는 내가 그대들을 방해한 것이고, 그대들이 나를 마구니 곁으로 떠미는 것에 불과하다."

이것은 정말 지극히 수승한 법문입니다. 부처님 공부를 하는 수많은 사람들이 이미 전도되어 있으므로 이래야 삼보를 존경하는 것이고, 이래야 여법하게 수지하는 것이며, 이래야 스스로를 속이고 남을 속이는 것을 면할 수 있습니다.

또 노화상의 몇 마디는 신통한 측면의 일에 대해 이야기 했습니다. "일반인은 불법을 이해하지 못하므로 세상의 명리를 잊지 못하고, 신통을 바라고 변화를 바라는 이 망상을 품으면 사도가 아니라 곧 마구니다(一般不明佛法, 未忘名利求通求變, 存此妄想非邪卽魔)." 일반인이 불법을 이해하지 못하는 것은 왜일까요? 명리의 마음을 근본적으로 잊지 못하고, 생각생각 사이에 어떻게 불교 중의 명성·지위와 권리·이익을 쟁탈하느냐를 계산하기 때문입니다. 불법을 공부한 후 신통을 얻고 싶고 능히 변모하고 싶은, 이와 같은 망상이 존재하는 것은 사도邪徒가 아니라 마구니의 권속입니다. 따라서 "사도가 아니라 곧 마구니"라고 말씀하셨습니다.

모름지기 마음 바깥에는 법이 없고, 일체법은 자신의 마음속에 있음을 알아야 합니다. 지금 막 자신의 믿음을 말하였습니다. 자기 자신의 마음은 본래 여래지혜의 덕상임을 믿어야 하고, 마음 바깥에 법을 구해서는 안 됩니다. 지금 막 우리들은 아미타불을 염하였습니다. 그것은 마음바깥에서 구하는 것이 아닙니다. 당신은 자신을 믿어야 합니다. 이미 당신이 자신의 마음속에 있다면 당신의 마음은 부처님의 마음과 같이 일체 처에 두루 가득합니다. 아미타부처님께서 당신의 마음속에 있을 뿐만 아니라 일체 부처님께서 당신의 마음속에 계십니다.

허운 노화상께서는 또 말씀하셨습니다. "신통이 마음에 일어나길 어찌 바라겠는가? 이러한 마음 씀(用心)이 있으면 어찌 머뭄이 없는(無住) 진리를 증득할 수 있겠는가?" 『금강경』에서는 "마땅히 머무는 바 없이 그 마음을 내어라"라고 말합니다. 당신이 먼저 어떠한 신통을 구하는 마음이 있다면 머무는 바가 있으니, 어떻게 머뭄이 없는 진리와 도리에 서로 계합할 수 있겠습니까? "이러한 유의 사람들"은 부처님께서 그들을 "불쌍하고 안타까운 자"라고 불렀습니다!

허운 노화상께서 말씀하신 법문이 지닌 묘의妙意는 무궁합니다. 그 가운데 수승한 점은 자리를 떠서 당신을 맞이하여 정례한 사람들에게 "불법의 당번을 거꾸로 꽂았다"고 꾸짖어 책망하셨다는 것입니다. 원래 자리에 서서 움직이지 않는 사람이 "염불"하여 "견불"합니다. 이는 그 당시 석존께서 하늘에 올라 어머님을 위해 설법한 후 인간으로 돌아와서 환영 나온 비구니에게 꾸짖어 책망하셨지만, 마중 나오지 않은 수보리가 동일한 전철을 밟은 것과 같습니다. 이 비구니는 신통력이 있어 전륜성왕으로 화현化現하고서 열을 지어 부처님을 마중하는 대오 앞에 상수가 된 첫 번째 분이었습니다. 과연 그녀는 일차로 부처님을 친견하였습니다. 부처님께서 일견 왜 대승(大僧 ; 비구) 앞에 서서 그녀를 바로 책망하였까요? 그녀는 "부처님을 일찍 뵙고 싶었다."고 말했습니다. 부처님께서는 "네가 먼저 나를 보지 않았다. 오히려 수보리가 첫 번째 나를 보았다." 라고 말씀하셨습니다. 이날 수보리는 숲 사이에서 정좌하고 있었는데, 한 생각이 일어났습니다. "오늘 세존께서 돌아오실 때 마중을 나갈 것인가? 계속해서 여래는 어디서부터 온 것도 없고 어디로 가는 것도 없으니, 어떻게 마중을 가겠는가?" 라는 생각에 미쳐서 계속 정좌하였습니다. 선문禪門은 마음을 전하는 법이라고 볼 수 있습니다. 세존의 마음은 현대의 고승인 허운 노화상까지 전해졌습니다. 마음과 마음이 서로 도장을 찍으니, 한맛으로 차이가 없습니다. 이 공안의 계시(啓示 ; 일깨워 가르침)에 따르면, 무엇을 견불見佛이라고 하고, 어떻게 하면 견불할 수 있겠습니까? 이미 더 이상 질문이 필요하지 않습니다.

동시에 정종에 대해서도 지극히 소중한 법문을 힘껏 선포하였습니다. "염불은 한마음을 중히 여긴다." 부처님께서 오시든 마구니가 오든 일절 상관하지 말고, 단지 전후가 이어지도록 착실히 전일하게 염할 뿐입니다. 마중 나오는 자에게 큰 소리로 꾸짖습니다. "불법의 당번을 거꾸로 꽂지 말라."(전도되어 법을 비방하지 말라) 계속해서 지념持念하여 부동하는 사람이 "염불念佛·견불見佛"하게 된다고 찬탄합니다. "염불하는 때가 견불하는 때이다."라는 정종의 경구는 허운 노화상의 말씀임을 알 수 있습니다. 바로 선종 제일 대덕의 정종에 대한 소중한 인증認證입니다.

혹 어떤 이는 말합니다. "당신이 잘못 이해한 것이오. 허운 노화상은 중점은 「부동不動」에 있지, 염불에 있지 않소." 저는 말하겠습니다. "염불의 중점은 「부동不動」에 있소. 정념이 서로 이어짐(淨念相繼)이 바로 「여여부동如如不動」입니다."

말후에 "염불할 때가 곧 견불할 때이고 견불할 때가 곧 성불할 때"라는 정종의 미묘한 문구를 보충하여 인용하는 것으로 본문의 맺음말로 갈음하겠습니다.

제5부. 정종심요

제6부. 정수첩요 淨修捷要

오념법문의 간단한 수행법

하련거夏蓮居 거사 집록編錄

정종 일법(정토법문)은 행하기는 쉽고 믿기는 어려우니, 교법의 바다를 탐구하지 않은 채 강가의 나루터에서 기다리지 말아야 한다. 비록 『화엄華嚴』에서 십대원왕十大願王을 귀의처로 삼았고, 천친天親보살께서 오념五念을 수행문으로 삼았을지라도 말법시대 배움이 얕은 사람들은 쉽게 빠르게 들어가지 못하므로 반드시 『무량수경』을 숙독하여야 비로소 강요綱要를 간략히 밝힐 수 있다.

그러나 지금의 정업수행자는 대략 단지 『아미타경』만 수지하고 있고, 『아미타경』도 『진역본(秦譯)』만 수지하고 있다. 더구나 『당역본(唐譯)』을 수지할 뿐만 아니라 『무량수경』을 독송할 수 있는 사람은 매우 보기 드물다. 이것은 명호를 칭념하며 정업淨業을 닦는 사람은 많지만, 깊은 믿음과 간절한 원을 갖춘 사람은 드물기 때문이다. 이들은 믿음과 발원이 아직 깊지 않아 진실한 수용[27]을 얻고자 하여도 또한 어렵다!

---

[27] "공과 유, 이변二邊에 떨어지지 않고 중도에 미묘하게 계합하는 것이 정종淨宗의 종지宗旨이다. 공과 유, 양변兩邊에 모두 떨어지지 않아야 비로소 진실한 수용受用을 얻는다." 『무량수경 심요』 (비움과소통)

1940년 2월 나는 병고 중에 발원하여 공경히 경문을 수집하고 정종 조사의 뜻을 결합시켜 간단한 수행법(簡課)을 만들어 처음 수행하는 근기의 사람들에게 전수하였다. 몸으로 예배하고, 입으로 염송하며, 뜻으로 경문을 염하면서 삼업三業을 짓는 사이에 한 번 예배할 때마다 자기(自)와 부처님(他)이 감응할 수 있도록 찬탄·관찰·발원·회향을 포괄하여, 망상이 쉽게 틈을 타지 못하게 하고 정념正念이 현전하도록 하였다. 이 수행법은 수행에 필요한 시간은 작지만, 수행을 통해 거두는 효과는 매우 크다. 이 예배문을 인쇄한지 벌써 4판이 되었다. 이를 수지하여 이익을 얻고서 계속 뒤이어 수행하면 시간이 절약되고 훨씬 더 수월해져서 행자들은 매우 편하다고 말한다.

이 예배문을 따라 마음을 운전할 수 있고 오랫동안 순숙하게 익히면 곧 성덕(性)과 수덕(修)이 둘이 아니고, 경계와 지혜가 일여一如한 이치에 대해 깊이 연구하지 않아도 저절로 신해가 생긴다. 이때 다시 『무량수경』을 독송하면 정토법문에 대해 물결 따라 가는 배에 바람 따라 돛을 다니, 곧장 (생사윤회의) 강을 건너가는 것과 같다. 다만 각 예배문마다 가지런히 경문과 법어를 계념하되, 절대로 말만 번지르르하게 하지 말고, 뜻을 경솔하게 하지 말며, 몸을 오만하게 가볍게 움직이지 말라. 마땅히 정성·공경·경건한 마음을 다하여 자애로운 아미타부처님의 광명을 뵙는 듯 수행하면 바야흐로 천친보살의 사수四修[28]·오념五念의 종지에 계합하여 잠재의식으로 옮아가 묵묵히 운전하는 가운데 저절로 은밀한 이익을 얻을 것이다.

만약 간략한 것이 싫다면 『대경오념의大經五念儀』가 있어 탈고하려고 하니, 제방의 가르침을 바란다. 마침 연합보편기도법회(1945년에 열린 식재息災법회) 삼원만三圓滿29)의 기간에 이르러 힘써 동수同修 선남선녀의 청에 따라 간략히 앞머리에 몇 마디 그 연기를 기록하여 말하였다.

정종학인淨宗學人

운성鄆城 하련거夏蓮居

북경燕京, 잠시 머무는 거처에서

환희가 무량하여 염불재念佛齋에서 적다

---

28) 첫째 「공경히 닦아라(恭敬修)」, 둘째 「뒤섞지 말고 닦아라無餘修」, 셋째 「중단 없이 닦아서無間修」, 넷째 「오랫동안 닦아라長時修」를 가리키다.

29) 세 가지가 원만함을 가리킴. 불법승 삼보를 두루 갖추는 것에서부터 인과와 경제적인 이익 등을 갖추는 것, 혹은 자타 그리고 자타가 모두 성취된 것을 말한다.

향찬香贊

계율·선정의 진향으로 삼가 경건하게 정성 다해 수행하여 공양하옵나니, 널리 저희들로 하여금 듣고 훈습시켜 선근이 모두 자라나게 하옵소서. 향기와 심광이 시방세계에 두루 가득하고 저희들 정성 간절하오니, 부처님께서 자비로 감응하시어 저희들을 가호하시고 늘 길상케 하옵소서.

나무향운개보살마하살南無香雲蓋菩薩摩訶薩 (세 번)

제1배 사바세계 스승님

한마음으로 관하며 예배하옵니다. 사바세계의 교주이시며 구법계의 도사이신 여래 세존께서는 오탁악세에서 팔상으로 성도하시고, 대비심을 일으켜서 유정들을 불쌍히 여기시며, 자비한 변재로 연설하여 법안을 뜨게 하시고, 삼악도의 길을 막고 삼선도의 문을 열어주시며, 행하기는 쉬우나 믿기는 어려운 법을 선설하시나니, 오는 세상에 일체 함령들이 모두 이 법에 의지하여 해탈을 얻게 될 것입니다. 은혜가 크시고 공덕이 크신 우리들의 스승이신 석가모니 부처님이시여!

나무본사석가모니불 (한 번 절하고 세 번 부른다)

제2배 극락세계 스승님

한마음으로 관하며 예배하옵니다. 극락세계의 교주께서는 인지에서 설법을 듣고 곧 무상정각의 마음을 내시고, 진실의 지혜에 머무시며, 수고로이 고통 짓는 생사의 근본 뿌리를 뽑아버리길 맹서하시어, 국왕의 자리를 버리고 출가하여 사문이 되셨으니, 명호가 법장이었고 보살도를 닦으셨습니다. 무량겁에 덕행을 쌓고 심었으며, 발한 수승한 대원을 모두 다 원만히 성취하여 명호에 만덕을 갖추셨나니, 시방세계 제불께서 다 같이 칭양·찬탄하고 시방세계 중생들이 모두 듣습니다. 극락세계로 접인하여 이끄시는 우리들의 스승이신 아미타 부처님이시여!

나무아미타불 (한 번 절하고 세 번 부른다)

제3배 극락세계

한마음으로 관하며 예배하옵니다. 여기서 서방으로 이 사바세계를 떠나 십만 억 불국토를 지나가면 부처님 세계가 있나니,「극락」이라 이름합니다. 법장 비구가 성불하셨나니, 명호를「아미타」라 합니다. 아미타부처님께서는 무량수불·무량광불이라 이름하며 여래·응공·정등각 십호가 원만하시고, 지금 극락세계에서 안온히 주지하시면서 일체 장엄을 완전히 구족하시고, 위덕이 광대하십니다. 청정불토에 계신 아미타부처님이시여!

　　　　나무아미타불 (한 번 절하고 세 번 부른다)

　　　　　　　　제4배 법신 의정장엄

한마음으로 관하며 예배하옵니다. 일체 처에 두루 계신 청정한 법신께서는 생함도 없고 멸함도 없고, 감도 없고 옴도 없나니, 이는 언어로 분별하여 알 수 있는 바가 아닙니다. 현재 서방극락세계 상적광토에서 법계의 중생을 접인하시어 사바세계의 괴로움을 여의고 구경의 즐거움을 얻도록 하십니다. 대자대비하신 아미타부처님이시여!

　　　　나무아미타불 (한 번 절하고 세 번 부른다)

　　　　　　　　제5배 보불신토

한마음으로 관하며 예배하옵니다. 원만보신께서 거하시는 곳에는 온갖 괴로움과 모든 고난, 악취와 마장·번뇌의 이름도 영원히 없고, 또한 사계절, 추위와 더위, 흐리고 비 오는 등의 기후변화가 없으며, 땅은 넓고 반듯하여 한계가 없고, 미묘·기특하여 아름다우며, 청정장엄이 시방 일체 세계를 뛰어넘습니다. 실보장엄 정토에 계신 아미타부처님이시여!

제6배 수명과 광명이 무량하다

한마음으로 관하며 예배하옵니다. 아미타부처님께서는 수명이 무량하고 광명이 무량하며, 보살제자·성문·천인의 수명도 모두 무량합니다. 국토와 이름은 모두 시방세계보다 수승하고, 건립된 국토는 영원히 변치 않아 일체만물이 쇠하지도 않고 변하지도 않으며, 수승하고 희유합니다. 수명과 광명이 무량하신 아미타부처님이시여!

나무아미타불 (한 번 절하고 세 번 부른다)

제7배 광명 중에 지극히 존귀하다

한마음으로 관하며 예배하옵니다. 무량수불께서는 또한 명호가 무량광불이고, 또한 명호가 무변광불·무애광불·무등광불이고, 또한 명호가 지혜광·상조광·청정광·환희광·해탈광·안온광·초일월광·부사의광이십니다. 광명 중에 지극히 존귀하며, 부처님 중의 왕이신 아미타부처님이시여!

나무아미타불 (한 번 절하고 세 번 부른다)

제8배 위신광명으로 두루 제도하다

한마음으로 관하며 예배하옵니다. 무량광 무량수 여래세존께서 광명을 널리 시방세계에 비추시니, 인연이 있어 그 광명을 보는 중생들은 마음의 때가 멸하고, 선한 마음이 생겨나며, 몸과 뜻이 부드러워지고, 모든 질병의 괴로움이 멈추지 않은 이가 없으며, 일체의 근심과 번뇌 또한 벗어나지 않는 이가 없습니다. 이와 같은 위신 광명이 가장 존귀하고 제일로 뛰어나서, 시방제불은 미칠 수 없습니다. 위신광명으로 두루 제도하시는 아미타부처님이시여!

나무아미타불 (한 번 절하고 세 번 부른다)

제9배 부처님께 예배드리니 광명을 나타내시다

한마음으로 관하며 예배하옵니다. 극락세계의 교주이신 본존 아미타불께서는 저 높은 연화대에 앉아계시며 드높은 위덕을 드러내시고 상호에서 광명을 놓아 일체 경계에 두루 비추지 않는 곳이 없습니다. 마치 황금 산처럼 바다 수면 위로 솟아올라 그 가운데 만물이 모두 가려 덮이고, 오직 부처님의 광명만이 밝고 환하게 비추고 있으며, 무수한 성문과 보살들이 공경히 둘러싸고 있습니다. 극락세계 교주이신 본존 아미타부처님이시여!

나무아미타불 (한 번 절하고 세 번 부른다)

제10배 극락세계에 나타나 계시며 설법하시다

한마음으로 관하며 예배하옵니다. 극락세계의 교주이신 본존 아미타부처님께서는 지금 극락세계에 나타나 계시며, 모든 유정들을 위하여 높고 깊은 미묘한 법문을 선설하시어 중생으로 하여금 수승한 이익과 안락을 얻게 하시나니, 시방세계 보살들께서 우러러 보고 예배하며, 법을 듣고 수기 받으며, 칭양·찬탄하고 공양합니다. 극락세계 교주이신 본존 아미타부처님이시여!

나무아미타불 (한 번 절하고 세 번 부른다)

제11배 참선과 정토가 둘이 아니다

한마음으로 관하며 예배하옵니다. 부처님께서는 마음으로 말미암아 생하고 마음은 부처님을 따라 나타나며, 마음 바깥에 경계가 없어 전체 그대로 부처님이 마음이 되고, 경계 바깥에 마음이 없어 전체 그대로 부처님이 곧 자기입니다. 홍명이 자성을 바르게 드러내고, 정토는 바야흐로 유심을 현현합니다. 중생의 기감에 부처님께서 응현하시어 도가 교류하고 동시에 호응하나니, 십만억 노정을 떠나감에 이곳은 멀지 않습니다. 이 마음이 그대로 부처님을 이루고, 이 마음이 그대로 부처님이십니다. 극락세계 교주이신 본존 아미타부처님이시여!

나무아미타불 (한 번 절하고 세 번 부른다)

제12배 밀교와 정토가 둘이 아니다

한마음으로 관하며 예배하옵니다. 현교와 밀교가 일체이고, 몸과 국토가 둘이 아니며, 칭명은 주문을 수지하는 것과 다름이 없습니다. 교주가 곧 본존 아미타부처님이시니, 대일여래·비로자나불께서 함께 무량광불·무량수불로 돌아가고, 화장세계와 밀엄세계가 극락세계를 여의지 않나니, 수직으로 과거·현재·미래 삼제를 다하고, 횡으로 시방허공에 두루 가득합니다. 극락세계 교주이신 본존 아미타부처님이시여!

나무아미타불 (한 번 절하고 세 번 부른다)

제13배 명호는 만법을 통섭한다

한마음으로 관하며 예배하옵니다. 육자명호는 만법을 통섭하고, 일문에 깊이 들어감이 곧 보문이며, 전부 그대로 사상이 곧 이체이고, 전부 그대로 망상이 진여로 돌아가며, 전부 그대로 성덕이 수덕을 일으키고, 전부 그대로 수덕이 성덕에 존재합니다. 널리 배워 두루 찬탄함은 원래 일문에 깊이 들어가기 위함이고, 전일하게 수행함이 바로 총지이오니, 소리소리에 자기를 불러 깨우고, 생각생각에 본존을 여의지 않겠습니다. 극락세계 교주이신 본존 아미타부처님이시여!

나무아미타불 (한 번 절하고 세 번 부른다)

제14배 시각, 본각에 합하다

한마음으로 관하며 예배하옵니다. 무량광불·무량수불이 저희들의 본각이오니, 마음을 일으켜 염불해야 비로소 시각이라 이름하고, 저 국토의 의보·정보를 의지하여야 저희들의 자심이 현현하고, 시각은 본각을 여의지 않아 구경각에 이르는 깨달음의 길로 곧장 달려갑니다. 잠시 여의어 서로 어긋남에 문득 무명에 떨어지나니, 정변지의 바다가 비록 모든 중생들의 심상에 들어갈지라도 적광은 진실로 청정함을 알고서 일체 정계情計에 파급되지 말아야 합니다. 이러한 일은 미묘하여 생각하기 어렵고 절대 원융합니다. 극락세계 교주이신 본존 아미타부처님이시여!

나무아미타불 (한 번 절하고 세 번 부른다)

제15배 접인 받아 왕생하다

한마음으로 관하며 예배하옵니다. 만덕홍명이 능히 온갖 죄를 소멸시키나니, 만약 일향으로 전념하면 저절로 마음 속 때와 장애가 사라지고, 도심이 순숙해질 뿐만 아니라 복덕·지혜가 증장하며, 임종 시에 아미타 부처님께서 수많은 대보살들과 수많은 성중들과 저희들과 인연 있는 사람들과 함께 현전하여 부처님의 자비력으로 저희들을 가지하고 보우하시어 마음이 산란하지 않고 접인 받아 극락세계에 왕생하고, 칠보 연못 가운데 연꽃이 피어 아미타부처님을 친견할 것입니다. 극락세계 교주이신 본존 아미타부처님이시여!

나무아미타불 (한 번 절하고 세 번 부른다)

제16배 의보가 수승하다

한마음으로 관하며 예배하옵니다. 서방정토 극락세계에는 공덕의 바람과 꽃비, 미묘한 향기와 하늘음악, 칠보연못과 칠보나무, 보배그물과 영묘한 새, 빛깔과 광명, 소리와 향이 불토에 두루 가득하고, 이와 같은 공덕장엄을 성취하여 유정들로 하여금 수승한 선근을 얻어 증장시키십니다. 대원대력의 아미타부처님이시여!

나무아미타불 (한 번 절하고 세 번 부른다)

제17배 정정취에 머물다

한마음으로 관하며 예배하옵니다. 극락세계 황금의 땅 위에, 줄지어 선 보배 나무 사이에, 보배 연못 안에, 보배 누각 가운데 보리심을 발하고 염불하여 왕생하는 사람들이 있나니, 그곳에서 정정취에 머물러 영원히 물러나지 않고, 얼굴색은 미묘하여 세간 사람들을 뛰어넘이 희유하며, 나 같은 부류이고, 생김새에 차이가 없으며, 모두 청허의 몸과 무극의 몸이나니, 이러한 상선인들은 모두 일향으로 아미타부처님을 전념하였기에 그렇습니다. 대원대력의 아미타부처님이시여!

　　나무아미타불 (한 번 절하고 세 번 부른다)

제18배 일생보처의 대보살

한마음으로 관하며 예배하옵니다. 극락세계에 있는 보리수 아래에서, 칠보 난순 주변에서, 미묘한 법음을 듣고, 무생법인을 획득하여, 갖가지 대승법락과 복덕·지혜를 누리고, 위덕과 신통이 자재하며, 뜻하는 대로 구하는 것이 생각에 응하여 현전하나니, 이러한 일생보처의 모든 대보살들은 모두 일향으로 아미타부처님을 전념하였기에 그렇습니다. 대원대력의 아미타부처님이시여!

　　나무아미타불 (한 번 절하고 세 번 부른다)

제19배 왕생보살 성중

한마음으로 관하며 예배하옵니다. 극락세계 도량의 누각·강당·정사에서 모든 왕생하는 자는 방편유여토와 범성동거토의 성중으로 혹 즐겨 법문을 설하거나 혹 즐겨 법문을 들으며, 혹 신족통을 나타내고, 혹 허공에 있거나 혹 평지에 있어, 뜻하는 대로 수습하여 원만하지 아니함이 없나니, 이러한 보살 성중은 모두 일향으로 아미타부처님을 전념하였기에 그렇습니다. 대원대력의 아미타부처님이시여!

나무아미타불 (한 번 절하고 세 번 부른다)

제20배 일체 제불께 예배 찬탄하다

한마음으로 관하며 예배하옵니다. 시방세계에 광장설상을 시현하여 참되고 성실한 말씀으로 무량수불의 불가사의한 공덕을 칭양·찬탄하시나니, 중생으로 하여금 저 부처님의 명호를 듣고 청정한 마음을 발하게 하여 억념 수지하고 귀의 공양하게 하며, 모든 선근을 매우 지극한 마음으로 회향하게 하여 발원한 대로 모두 왕생하게 하며, 불퇴전을 얻어 무상정등보리에 이르게 하시는 항하의 모래알 수만큼이나 많은 일체 제불이시여!

나무아미타불 (한 번 절하고 세 번 부른다)

제21배 일체 제불께 두루 예배하다

한마음으로 관하며 예배하옵니다. 사유·상하에서 본사 석가모니부처님을 칭양·찬탄하시고, 일체세간에 이 행하기는 쉬우나 믿기는 어려운 법을 설하여 모든 유정들에게 지극한 마음으로 신수하라고 권하시며, 시방세계의 염불중생을 호념하시여 극락세계에 왕생하게 하시는, 항하의 모래알만큼이나 많은 세계의 일체 제불이시여!

나무아미타불 (한 번 절하고 세 번 부른다)

제22배 무량수경 선본을 예배 찬탄하다

한마음으로 관하며 예배하옵니다. 경전에서 이르길, "오는 세상에는 경전이 사라질 것이니라. 부처님께서 대자비심으로 중생들을 불쌍히 여겨 홀로 이 경전을 남기어 백 년 동안 머물게 할 것이니, 이 경전을 만나는 사람은 뜻하고 발원한 대로 모두 제도 받을 수 있을 것이라" 하셨습니다. 이러한 까닭에 저는 지금 지극한 마음으로 정례하옵나니, 광대 원만하고, 쉽고 간편하며 곧장 질러가며, 방편구경이자 제일 희유하여 만나기 어려운 법보인 대승무량수장엄청정평등각경이여!

나무아미타불 (한 번 절하고 세 번 부른다)

제23배 정토법문을 예배 찬탄하다

한마음으로 관하며 예배하옵니다. 일승의 요의이고 만선의 동귀이며, 범부와 성인을 같이 거두어들이고, 이근과 둔근을 모두 가피하며, 몰록 팔교를 갖추고, 원만하게 오종을 거두며, 횡으로 삼계를 초월하고, 곧장 질러가 사토에 오르며, 일생에 성취해 마치고, 구품연화대에 오를 수 있게 하나니, 시방세계 제불께서 함께 찬탄하고, 천경만론이 다 함께 가리키는 보왕삼매이자 불가사의하고 미묘한 법문이여!

나무아미타불 (한 번 절하고 세 번 부른다)

제24배 관세음보살을 예배 찬탄하다

한마음으로 관하며 예배하옵니다. 관세음보살께서는 아미타부처님의 화신으로 듣는 지혜, 생각하는 지혜, 닦는 지혜로 삼마지에 들어가서, 돌이켜 자성을 듣고 위없는 도를 성취하게 하시며, 보살행을 닦고 서방정토에 왕생하게 하십니다. 원력이 크고 깊어 32응신으로 보문시현하시고, 소리를 좇아 고난으로부터 구제하시며, 중생의 근기에 따라 감응하시니, 만약 긴급한 위난·공포를 만났을 때라도, 단지 스스로 관세음보살에 귀명하기만 한다면 해탈을 얻지 못할 자가 없습니다. 만억 자마진금 빛깔의 몸을 구족하신 관세음보살님이시여!

나무아미타불 (한 번 절하고 세 번 부른다)

제25배 대세지보살을 예배 찬탄하다

한마음으로 관하며 예배하옵니다. 대세지보살께서는 정종의 초조이시고, 염불하는 마음으로 무생법인에 들어가고, 육근을 모두 거두어 들여 정념을 이어가서, 방편을 빌리지 않아도 자성본연에서 마음이 열리는 것을 제일로 삼으십니다. 관세음보살과 더불어 현재 극락세계에 거하시며 큰 이락을 지어서 염불중생을 섭수하여 취하고 버리지 않으시니, 중생으로 하여금 삼악도에서 떼어놓고 위없는 힘을 얻게 하십니다. 가없는 광명과 지혜의 몸을 구족하신 대세지보살님이시여!

나무아미타불 (한 번 절하고 세 번 부른다)

제26배 보현보살을 예배 찬탄하다

한마음으로 관하며 예배하옵니다. 보현보살께서는 무량수여래회상에서 자리를 배열함에 상수가 되시고, 덕이 무리 가운데 존자가 되시며, 화엄경의 주인으로 만행을 장엄하십니다. 금강살타로 화신하여 영원히 밀교의 초조가 되시며, 인지를 버리지 않고 두루 현묘함을 거두십니다. 십대원왕으로 극락세계로 이끌어 돌아가시는 대원대행 보현보살님이시여!

나무아미타불 (한 번 절하고 세 번 부른다)

제27배 문수사리보살을 예배 찬탄하다

한마음으로 관하며 예배하옵니다. 법왕의 장자이자 칠불의 스승이신 승묘길상·무구대성께서는 모든 중생들과 함께 극락세계에 왕생하길 발원하시고, 마음을 한 부처님에게 계념하고 전일하게 명호를 불러서, 생각 가운데 아미타부처님을 친견하게 하십니다. 일행삼매의 지혜가 크고 매우 깊으신 문수사리보살님이시여!

나무아미타불 (한 번 절하고 세 번 부른다)

제28배 미륵보살을 예배 찬탄하다

한마음으로 관하며 예배하옵니다. 미륵보살께서는 영산회상에서 부처님의 가르침을 친히 계승하셨고, 석가모니부처님께서 대승 무량수경을 수여하여 정토법문을 홍양할 것을 부촉하셨습니다. 현재 도솔천 내원궁에 계시며, 오는 세상에 용화세계 보리수 아래에서 등정각을 성취하시고 삼회의 설법을 하십니다. 복덕이 가없으신 미륵보살님이시여!

나무아미타불 (한 번 절하고 세 번 부른다)

제29배 법회성중을 예배찬탄하다

한마음으로 관하며 예배하옵니다. 무량수여래회상에 모이신 사리불 등 모든 대존자와 현호보살 등 16정사들께서는 다 함께 보현 대보살의 덕을 좇아서 수학하고, 무량한 행원을 구족하여서 일체 공덕 법 가운데 안온히 머물러 계십니다. 무량수여래회상에 모이신 일체 대보살님이시여!

나무아미타불 (한 번 절하고 세 번 부른다)

제30배 연종 조사와 모든 대사님께 예배 찬탄하다

한마음으로 관하며 예배하옵니다. 위로부터 내려오시면서 연종의 조사들과, 선종을 홍양하시고 교법을 강설하시며 마침내 정토로 귀의하여 회향하신 모든 대선지식과 저희들에게 귀의·수계·전법·관정을 전하신 모든 대사들이시여!

나무아미타불 (한 번 절하고 세 번 부른다)

제31배　삼보를 두루 예배하다

한마음으로 관하며 예배하옵니다. 진허공·변법계에 상주하시는 삼보님과 시방세계 호법보살, 금강·범천과 천룡팔부, 이러한 성현 등의 성중이시여!

나무아미타불 (한 번 절하고 세 번 부른다)

제32배　두루 대신 참회 회향하다

한마음으로 세세생생 이어온 삶 가운데 만난 부모님, 스승님과 어른, 육친권속과 원친채주 등의 대중들을 대신하여 삼보에 정례하고 참회를 구하오니, 불쌍히 여겨 주시옵소서. 널리 법계중생을 대신하여 서방 극락세계에 회향하오니, 다 함께 정토에 왕생하고 다 함께 일체종지를 원만히 이루게 하옵소서.

나무아미타불 (한 번 절하고 세 번 부른다)

무량수불 찬탄

무량수불 감로왕의 위덕과 원력은 헤아려 측량하기 어렵습니다. 홍명을 공경히 정성 다해 칭하면 재난·장애가 소멸하고, 삼계의 불타는 집은 극락의 청량한 연못으로 변화되며, 보리심 가운데 부처님께서 광명으로 접인하십니다.

복혜의 선근이 저절로 증장하나니, 방황하지 않고 일향으로 아미타 부처님을 전념하겠습니다. 부지런히 계율·선정의 진향으로 훈습하여 신·원·행 세 가지를 서방에 왕생하는 자량으로 삼아 자비의 배를 타고 고통의 바다를 건너가겠습니다.

나무서방극락세계
대자대비 대력 접인도사 아미타불
나무아미타불
(천번 혹은 만번 부른다)

오직 원하옵건대

천하가 화평하고, 해와 달이 청명하며, 비바람이 때에 맞추어 불고, 재난이 일어나지 않으며, 나라는 풍요롭고 국민은 편안하여 병사와 무기를 쓸 일이 없게 하옵소서. 또한 사람들은 도덕을 숭상하고, 인자한 사랑을 베풀며, 힘써 예절과 겸양을 닦아, 나라에 도적이 없으며, 원망하고 억울한 사람이 없으며, 강한 자가 약한 자를 능멸하지 않고, 각자 자신의 자리를 잡게 하옵소서.

그리고 원컨대 저희들이 수행한 공덕으로 법계의 일체중생과 모든 육도·사생 및 숙세의 원친채주와 현세의 업으로 지은 온갖 빚을 법력에 의지하여 모두 다 벗어나게 하시고, 현재 살아가는 자로 하여금 복을 증진하고 수명이 늘어나게 하시며, 이미 고인이 된 자로 하여금 정토에 왕생하여 다 같이 생사고통의 수레바퀴로부터 벗어나서 다 함께 깨달음의 언덕에 오르게 하옵소서.

우리는 모두 한 가족입니다(四海同胞)

我们都是一家人

도서출판 비움과소통의 정토불서들

도서출판 비움과소통의 정토불서들

도서출판 비움과소통의 정토불서들

도서출판 비움과소통의 정토불서들

도서출판 비움과소통의 정토불서들

도서출판 비움과소통의 정토불서들

정토의 나침반(왕생성불하는 불력수행법)

1판 1쇄 펴낸 날 2018년 11월 16일
1판 2쇄 펴낸 날 2021년 1월 15일
편역 무량수여래회
발행인 김재경 **편집·디자인** 김성우 **마케팅** 권태형 **제작** 해인프린팅
펴낸곳 도서출판 비움과소통
　　　　경기 파주시 하우고개길 151-17 예일아트빌 103동 102호(야당동)
　　　　전화 031-945-8739　팩스 0505-115-2068
홈페이지 http://blog.daum.net/kudoyukjung　**이메일** buddhapia5@daum.net
출판등록 2010년 6월 18일 제318-2010-000092호

ⓒ 무량수여래회
ISBN 979-11-6016-043-7　03220

＊ 책값은 뒤표지에 있습니다.
＊ 잘못된 책은 서점에서 바꾸어 드립니다.
＊ 전세계 정종학회에서 발간된 서적은 누구든지 번역해서 사용할 수 있습니다. 한국어판 역시 출판사로 통보만 해주시면 누구든지 포교용으로 활용이 가능합니다.

※ 전법을 위한 법보시용 불서는 저렴하게 제작·보급해 드립니다.
　　다량 주문시 표지·본문 등에 원하시는 문구(文句)를 넣어드립니다.